T&P BOOKS

ARMÊNIO

VOCABULÁRIO

PORTUGUÊS BRASILEIRO

PORTUGUÊS ARMÊNIO

Para alargar o seu léxico e apurar as suas competências linguísticas

5000 palavras

Vocabulário Português Brasileiro-Armênio - 5000 palavras
Por Andrey Taranov

Os vocabulários da T&P Books destinam-se a ajudar a aprender, a memorizar, e a rever palavras estrangeiras. O dicionário é dividido em temas, cobrindo todas as principais esferas de atividades quotidianas, negócios, ciência, cultura, etc.

O processo de aprendizagem, utilizando os dicionários baseados em temáticas da T&P Books dá-lhe as seguintes vantagens:

- Informação de origem corretamente agrupada predetermina o sucesso em fases subsequentes da memorização de palavras
- Disponibilização de palavras derivadas da mesma raiz, o que permite a memorização de unidades de texto (em vez de palavras separadas)
- Pequenas unidades de palavras facilitam o processo de estabelecimento de vínculos associativos necessários para a consolidação do vocabulário
- O nível de conhecimento da língua pode ser estimado pelo número de palavras aprendidas

T&P Books Publishing
www.tpbooks.com

ISBN: 978-1-78767-362-5

Este livro também está disponível em formato E-book.
Por favor visite www.tpbooks.com ou as principais livrarias on-line.

VOCABULÁRIO ARMÊNIO
palavras mais úteis

Os vocabulários da T&P Books destinam-se a ajudar a aprender, a memorizar, e a rever palavras estrangeiras. O vocabulário contém mais de 5000 palavras de uso comum organizadas tematicamente.

O vocabulário contém as palavras mais comummente usadas
Recomendado como adicional para qualquer curso de línguas
Satisfaz as necessidades dos iniciados e dos alunos avançados de línguas estrangeiras
Conveniente para o uso diário, sessões de revisão e atividades de auto-teste
Permite avaliar o seu vocabulário

Características especias do vocabulário

- As palavras estão organizadas de acordo com o seu significado, e não por ordem alfabética
- As palavras são apresentadas em três colunas para facilitar os processos de revisão e auto-teste
- As palavras compostas são divididas em pequenos blocos para facilitar o processo de aprendizagem
- O vocabulário oferece uma transcrição simples e adequada de cada palavra estrangeira

O vocabulário contém 155 tópicos incluindo:

Conceitos básicos, Números, Cores, Meses, Estações do ano, Unidades de medida, Roupas & Acessórios, Alimentos & Nutrição, Restaurante, Membros da Família, Parentes, Caráter, Sentimentos, Emoções, Doenças, Cidade, Passeios, Compras, Dinheiro, Casa, Lar, Escritório, Trabalho no Escritório, Importação & Exportação, Marketing, Pesquisa de Emprego, Esportes, Educação, Computador, Internet, Ferramentas, Natureza, Países, Nacionalidades e muito mais ...

TABELA DE CONTEÚDOS

GUIA DE PRONUNCIAÇÃO

Alfabeto fonético T&P	Exemplo Armênio	Exemplo Português
[a]	ճանաչել [čanačél]	chamar
[ə]	փսփսալ [pʰəspʰəsál]	milagre
[e]	հեկտար [hektár]	metal
[ē]	էկրան [ēkrán]	mesquita
[i]	ֆիզիկոս [fizikós]	sinônimo
[o]	շոկոլադ [šokolád]	lobo
[u]	հույնուհի [hujnuhí]	bonita
[b]	բամբակ [bambák]	barril
[d]	դադար [dadár]	dentista
[f]	ֆաբրիկա [fábrika]	safári
[g]	գանգ [gang]	gosto
[j]	դյույմ [djujm]	Vietnã
[h]	հայուհի [hajuhí]	[h] aspirada
[χ]	խախտել [χaχtél]	fricativa uvular surda
[k]	կոճակ [kočák]	aquilo
[l]	փլվել [pʰlvel]	libra
[m]	մտածել [mtaʦél]	magnólia
[t]	տակսի [taksí]	tulipa
[n]	նրանք [nrankʰ]	natureza
[r]	լար [lar]	riscar
[p]	պոմպ [pomp]	presente
[ġ]	տղամարդ [tġamárd]	[r] vibrante
[s]	սոուս [soús]	sanita
[ʦ]	ծանոթ [ʦanótʰ]	tsé-tsé
[v]	ոստիկան [vostikán]	fava
[z]	զանգ [zang]	sésamo
[kʰ]	երեք [erékʰ]	[k] aspirada
[pʰ]	փրկել [pʰrkel]	[p] aspirada
[tʰ]	թատրոն [tʰatrón]	[t] aspirada
[ʦʰ]	ակնոց [aknóʦʰ]	[ts] aspirado
[ʒ]	ժամանակ [ʒamanák]	talvez
[ʣ]	օձիք [oʣíkʰ]	pizza
[ʤ]	հաջող [haʤóġ]	adjetivo
[č]	վիճել [vičél]	Tchau!
[š]	շահույթ [šahújtʰ]	mês
[']	բաժակ [baʒák]	acento principal

ABREVIATURAS usadas no vocabulário

Abreviaturas do Português

adj	-	adjetivo
adv	-	advérbio
anim.	-	animado
conj.	-	conjunção
desp.	-	esporte
etc.	-	Etcetera
ex.	-	por exemplo
f	-	nome feminino
f pl	-	feminino plural
fem.	-	feminino
inanim.	-	inanimado
m	-	nome masculino
m pl	-	masculino plural
m, f	-	masculino, feminino
masc.	-	masculino
mat.	-	matemática
mil.	-	militar
pl	-	plural
prep.	-	preposição
pron.	-	pronome
sb.	-	sobre
sing.	-	singular
v aux	-	verbo auxiliar
vi	-	verbo intransitivo
vi, vt	-	verbo intransitivo, transitivo
vr	-	verbo reflexivo
vt	-	verbo transitivo

Pontuação do Armênio

՜	-	Ponto de exclamação
՞	-	Ponto de interrogação
,	-	Vírgula

CONCEITOS BÁSICOS

Conceitos básicos. Parte 1

1. Pronomes

eu	ես	[es]
você	դու	[du]
ele, ela	նա	[na]
nós	մենք	[menkʰ]
vocês	դուք	[dukʰ]
eles, elas	նրանք	[nrankʰ]

2. Cumprimentos. Saudações. Despedidas

Oi!	Բարև՛	[barév]
Olá!	Բարև՛ ձեզ	[barév ʣéz!]
Bom dia!	Բարի լո՛ւյս	[barí lújs!]
Boa tarde!	Բարի օ՛ր	[barí ór!]
Boa noite!	Բարի երեկո՛	[barí jerekó!]
cumprimentar (vt)	բարևել	[barevél]
Oi!	Ողջո՛ւյն	[voġʤʒújn!]
saudação (f)	ողջույն	[voġʤʒújn]
saudar (vt)	ողջունել	[voġʤʒunél]
Tudo bem?	Ո՞նց են գործերդ	[vonʦʰ en gorʦérd?]
E aí, novidades?	Ի՞նչ նորություն	[inč norutʰjún?]
Tchau! Até logo!	Ցտեսությո՛ւն	[ʦʰtesutʰjún!]
Até breve!	Մինչ նոր հանդիպո՛ւմ	[mínč nór handipúm!]
Adeus! (sing.)	Մնաս բարո՛վ	[mnas baróv!]
Adeus! (pl)	Մնաք բարո՛վ	[mnakʰ baróv!]
despedir-se (dizer adeus)	հրաժեշտ տալ	[hraʒéšt tál]
Até mais!	Առա՛յժմ	[arájʒm!]
Obrigado! -a!	Շնորհակալությո՛ւն	[šnorhakalutʰjún!]
Muito obrigado! -a!	Շատ շնորհակա՛լ եմ	[šat šnorhakál em!]
De nada	Խնդրեմ	[χndrem]
Não tem de quê	Հոգ չէ	[hog čē]
Não foi nada!	չարժե	[čarʒé]
Desculpa!	Ներողությո՛ւն	[neroġutʰjún!]
Desculpe!	Ներեցե՛ք	[nereʦʰékʰ!]
desculpar (vt)	ներել	[nerél]
desculpar-se (vr)	ներողություն խնդրել	[neroġutʰjún χndrél]
Me desculpe	Ներեցեք	[nereʦʰékʰ]

Desculpe!	Ներեցե՛ք	[neretsʰékʰ!]
perdoar (vt)	ներել	[nerél]
por favor	խնդրում եմ	[χndrúm em]
Não se esqueça!	Չմոռանա՛ք	[čmoranákʰ!]
Com certeza!	Իհա՛րկե	[ihárke!]
Claro que não!	Իհարկե ո՛չ	[ihárke voč!]
Está bem! De acordo!	Համաձա՛յն եմ	[hamadzájn em!]
Chega!	Բավակա՛ն է	[bavakán ē!]

3. Como se dirigir a alguém

senhor	Պարո՛ն	[parón]
senhora	Տիկի՛ն	[tikín]
senhorita	Օրիո՛րդ	[oriórd]
jovem	Երիտասա՛րդ	[eritasárd]
menino	Տղա՛	[tġa]
menina	Աղջի՛կ	[aġdʒík]

4. Números cardinais. Parte 1

zero	զրո	[zro]
um	մեկ	[mek]
dois	երկու	[erkú]
três	երեք	[erékʰ]
quatro	չորս	[čors]
cinco	հինգ	[hing]
seis	վեց	[vetsʰ]
sete	յոթ	[jotʰ]
oito	ութ	[utʰ]
nove	ինը	[ínə]
dez	տաս	[tas]
onze	տասնմեկ	[tasnmék]
doze	տասներկու	[tasnerkú]
treze	տասներեք	[tasnerékʰ]
catorze	տասնչորս	[tasnčórs]
quinze	տասնհինգ	[tasnhíng]
dezesseis	տասնվեց	[tasnvétsʰ]
dezessete	տասնյոթ	[tasnjótʰ]
dezoito	տասնութ	[tasnútʰ]
dezenove	տասնինը	[tasnínə]
vinte	քսան	[kʰsan]
vinte e um	քսանմեկ	[kʰsanmék]
vinte e dois	քսաներկու	[kʰsanerkú]
vinte e três	քսաներեք	[ksanerékʰ]
trinta	երեսուն	[eresún]
trinta e um	երեսունմեկ	[eresunmék]

trinta e dois	երեսուներկու	[eresunerkú]
trinta e três	երեսուներեք	[eresunerék^h]
quarenta	քառասուն	[k^{h}arasún]
quarenta e um	քառասունմեկ	[k^{h}arasunmék]
quarenta e dois	քառասուներկու	[k^{h}arasunerkú]
quarenta e três	քառասուներեք	[karasunerék^h]
cinquenta	հիսուն	[hisún]
cinquenta e um	հիսունմեկ	[hisunmék]
cinquenta e dois	հիսուներկու	[hisunerkú]
cinquenta e três	հիսուներեք	[hisunerék^h]
sessenta	վաթսուն	[vat^{h}sún]
sessenta e um	վաթսունմեկ	[vat^{h}sunmék]
sessenta e dois	վաթսուներկու	[vat^{h}sunerkú]
sessenta e três	վաթսուներեք	[vat^{h}sunerék^h]
setenta	յոթանասուն	[jot^{h}anasún]
setenta e um	յոթանասունմեկ	[jot^{h}anasunmék]
setenta e dois	յոթանասուներկու	[jot^{h}anasunerkú]
setenta e três	յոթանասուներեք	[jot^{h}anasunerék^h]
oitenta	ութսուն	[ut^{h}sún]
oitenta e um	ութսունմեկ	[ut^{h}sunmék]
oitenta e dois	ութսուներկու	[ut^{h}sunerkú]
oitenta e três	ութսուներեք	[ut^{h}sunerék^h]
noventa	իննսուն	[innsún]
noventa e um	իննսունմեկ	[innsunmék]
noventa e dois	իննսուներկու	[innsunerkú]
noventa e três	իննսուներեք	[innsunerék^h]

5. Números cardinais. Parte 2

cem	հարյուր	[harjúr]
duzentos	երկու հարյուր	[erkú harjúr]
trezentos	երեք հարյուր	[erék^h harjúr]
quatrocentos	չորս հարյուր	[čórs harjúr]
quinhentos	հինգ հարյուր	[hing harjúr]
seiscentos	վեց հարյուր	[vets^h harjúr]
setecentos	յոթ հարյուր	[jot^h harjúr]
oitocentos	ութ հարյուր	[ut^h harjúr]
novecentos	ինը հարյուր	[ínə harjúr]
mil	հազար	[hazár]
dois mil	երկու հազար	[erkú hazár]
três mil	երեք հազար	[erék^h hazár]
dez mil	տաս հազար	[tas hazár]
cem mil	հարյուր հազար	[harjúr hazár]
um milhão	միլիոն	[milión]
um bilhão	միլիարդ	[miliárd]

6. Números ordinais

primeiro (adj)	առաջին	[aradʒín]
segundo (adj)	երկրորդ	[erkrórd]
terceiro (adj)	երրորդ	[errórd]
quarto (adj)	չորրորդ	[čorrórd]
quinto (adj)	հինգերորդ	[híngerord]
sexto (adj)	վեցերորդ	[vétsʰerord]
sétimo (adj)	յոթերորդ	[jótʰerord]
oitavo (adj)	ութերորդ	[útʰerord]
nono (adj)	իններորդ	[ínnerord]
décimo (adj)	տասներորդ	[tásnerord]

7. Números. Frações

fração (f)	կոտորակ	[kotorák]
um meio	մեկ երկրորդ	[mek erkrórd]
um terço	մեկ երրորդ	[mek errórd]
um quarto	մեկ չորրորդ	[mek čorrórd]
um oitavo	մեկ ութերորդ	[mek útʰerord]
um décimo	մեկ տասներորդ	[mek tásnerord]
dois terços	երկու երրորդ	[erkú errórd]
três quartos	երեք չորրորդ	[erékʰ čorrórd]

8. Números. Operações básicas

subtração (f)	հանում	[hanúm]
subtrair (vi, vt)	հանել	[hanél]
divisão (f)	բաժանում	[baʒanúm]
dividir (vt)	բաժանել	[baʒanél]
adição (f)	գումարում	[gumarúm]
somar (vt)	գումարել	[gumarél]
adicionar (vt)	գումարել	[gumarél]
multiplicação (f)	բազմապատկում	[bazmapatkúm]
multiplicar (vt)	բազմապատկել	[bazmapatkél]

9. Números. Diversos

algarismo, dígito (m)	թիվ	[tʰiv]
número (m)	թիվ	[tʰiv]
numeral (m)	համարիչ	[hamaríč]
menos (m)	մինուս	[mínus]
mais (m)	պլյուս	[pljus]
fórmula (f)	բանաձև	[banadzév]
cálculo (m)	հաշվարկ	[hašvárk]
contar (vt)	հաշվել	[hašvél]

calcular (vt)	հաշվարկ անել	[hašvárk anél]
comparar (vt)	համեմատել	[hamematél]
Quanto, -os, -as?	քանի՞	[kʰaní?]
soma (f)	գումար	[gumár]
resultado (m)	արդյունք	[ardjúnkʰ]
resto (m)	մնացորդ	[mnatsʰórd]
alguns, algumas ...	մի քանի	[mi kʰaní]
poucos, poucas	մի փոքր ...	[mi pʰokʰr ...]
um pouco de ...	մի քիչ ...	[mi kʰič ...]
resto (m)	մնացածը	[mnatsʰátsə]
um e meio	մեկ ու կես	[mek u kes]
dúzia (f)	դյուժին	[djuʒín]
ao meio	կես	[kes]
em partes iguais	հավասար	[havasár]
metade (f)	կես	[kes]
vez (f)	անգամ	[angám]

10. Os verbos mais importantes. Parte 1

abrir (vt)	բացել	[batsʰél]
acabar, terminar (vt)	ավարտել	[avartél]
aconselhar (vt)	խորհուրդ տալ	[χorhúrd tal]
adivinhar (vt)	գուշակել	[gušakél]
advertir (vt)	զգուշացնել	[zgušatsʰnél]
ajudar (vt)	օգնել	[ognél]
almoçar (vi)	ճաշել	[čašél]
alugar (~ um apartamento)	վարձել	[vardzél]
amar (pessoa)	սիրել	[sirél]
ameaçar (vt)	սպառնալ	[sparnál]
anotar (escrever)	գրառել	[grarél]
apressar-se (vr)	շտապել	[štapél]
arrepender-se (vr)	ափսոսալ	[apʰsosál]
assinar (vt)	ստորագրել	[storagrél]
brincar (vi)	կատակել	[katakél]
brincar, jogar (vi, vt)	խաղալ	[χaġál]
buscar (vt)	փնտրել	[pʰntrel]
caçar (vi)	որս անել	[vors anél]
cair (vi)	ընկնել	[ənknél]
cavar (vt)	փորել	[pʰorél]
chamar (~ por socorro)	կանչել	[kančél]
chegar (vi)	ժամանել	[ʒamanél]
chorar (vi)	լացել	[latsʰél]
começar (vt)	սկսել	[sksel]
comparar (vt)	համեմատել	[hamematél]
concordar (dizer "sim")	համաձայնվել	[hamadzajnvél]
confiar (vt)	վստահել	[vstahél]
confundir (equivocar-se)	շփոթել	[špʰotʰél]

conhecer (vt)	ճանաչել	[čanačél]
contar (fazer contas)	հաշվել	[hašvél]
contar com ...	հույս դնել ... վրա	[hujs dnel ... vra]
continuar (vt)	շարունակել	[šarunakél]
controlar (vt)	վերահսկել	[verahskél]
convidar (vt)	հրավիրել	[hravirél]
correr (vi)	վազել	[vazél]
criar (vt)	ստեղծել	[steġʦél]
custar (vt)	արժենալ	[arʒenál]

11. Os verbos mais importantes. Parte 2

dar (vt)	տալ	[tal]
dar uma dica	ակնարկել	[aknarkél]
decorar (enfeitar)	զարդարել	[zardarél]
defender (vt)	պաշտպանել	[paštpanél]
deixar cair (vt)	վայր գցել	[vájr gʦ^{h}el]
descer (para baixo)	իջնել	[iʤnél]
desculpar-se (vr)	ներողություն խնդրել	[neroġut^{h}jún χndrél]
dirigir (~ uma empresa)	ղեկավարել	[ġekavarél]
discutir (notícias, etc.)	քննարկել	[k^{h}nnarkél]
disparar, atirar (vi)	կրակել	[krakél]
dizer (vt)	ասել	[asél]
duvidar (vt)	կասկածել	[kaskaʦél]
encontrar (achar)	գտնել	[gtnel]
enganar (vt)	խաբել	[χabél]
entender (vt)	հասկանալ	[haskanál]
entrar (na sala, etc.)	մտնել	[mtnel]
enviar (uma carta)	ուղարկել	[uġarkél]
errar (enganar-se)	սխալվել	[sχalvél]
escolher (vt)	ընտրել	[əntrél]
esconder (vt)	թաքցնել	[t^{h}ak^{h}ʦ^{h}nél]
escrever (vt)	գրել	[grel]
esperar (aguardar)	սպասել	[spasél]
esperar (ter esperança)	հուսալ	[husál]
esquecer (vt)	մոռանալ	[moranál]
estudar (vt)	ուսումնասիրել	[usumnasirél]
exigir (vt)	պահանջել	[pahanʤél]
existir (vi)	գոյություն ունենալ	[gojut^{h}jún unenál]
explicar (vt)	բացատրել	[baʦ^{h}atrél]
falar (vi)	խոսել	[χosél]
faltar (a la escuela, etc.)	բաց թողնել	[baʦ^{h} t^{h}oġnél]
fazer (vt)	անել	[anél]
ficar em silêncio	լռել	[lrel]
gabar-se (vr)	պարծենալ	[parʦenál]
gostar (apreciar)	դուր գալ	[dur gal]
gritar (vi)	բղավել	[bġavél]

guardar (fotos, etc.)	պահպանել	[pahpanél]
informar (vt)	տեղեկացնել	[teġekaʦʰnél]
insistir (vi)	պնդել	[pndel]

insultar (vt)	վիրավորել	[viravorél]
interessar-se (vr)	հետաքրքրվել	[hetakʰrkʰrvél]
ir (a pé)	գնալ	[gnal]
ir nadar	լողալ	[loġál]
jantar (vi)	ընթրել	[əntʰrél]

12. Os verbos mais importantes. Parte 3

ler (vt)	կարդալ	[kardál]
libertar, liberar (vt)	ազատագրել	[azatagrél]
matar (vt)	սպանել	[spanél]
mencionar (vt)	հիշատակել	[hišatakél]
mostrar (vt)	ցույց տալ	[ʦʰújʦʰ tal]

mudar (modificar)	փոխել	[pʰoχél]
nadar (vi)	լողալ	[loġál]
negar-se a … (vr)	հրաժարվել	[hraʒarvél]
objetar (vt)	հակաճառել	[hakačarél]

observar (vt)	հետևել	[hetevél]
ordenar (mil.)	հրամայել	[hramajél]
ouvir (vt)	լսել	[lsel]
pagar (vt)	վճարել	[včarél]
parar (vi)	կանգ առնել	[káng arnél]

parar, cessar (vt)	դադարեցնել	[dadareʦʰnél]
participar (vi)	մասնակցել	[masnakʦʰél]
pedir (comida, etc.)	պատվիրել	[patvirél]
pedir (um favor, etc.)	խնդրել	[χndrel]
pegar (tomar)	վերցնել	[verʦʰnél]

pegar (uma bola)	բռնել	[brnel]
pensar (vi, vt)	մտածել	[mtaʦél]
perceber (ver)	նկատել	[nkatél]
perdoar (vt)	ներել	[nerél]
perguntar (vt)	հարցնել	[harʦʰnél]

permitir (vt)	թույլատրել	[tʰujlatrél]
pertencer a … (vi)	պատկանել	[patkanél]
planejar (vt)	պլանավորել	[planavorél]
poder (~ fazer algo)	կարողանալ	[karoġanál]
possuir (uma casa, etc.)	ունենալ	[unenál]

preferir (vt)	նախընտրել	[naχəntrél]
preparar (vt)	պատրաստել	[patrastél]
prever (vt)	կանխատեսել	[kanχatesél]
prometer (vt)	խոստանալ	[χostanál]
pronunciar (vt)	արտասանել	[artasanél]
propor (vt)	առաջարկել	[araʤarkél]
punir (castigar)	պատժել	[patʒél]

quebrar (vt)	կոտրել	[kotrél]
queixar-se de ...	գանգատվել	[gangatvél]
querer (desejar)	ուզենալ	[uzenál]

13. Os verbos mais importantes. Parte 4

ralhar, repreender (vt)	կշտամբել	[kštambél]
recomendar (vt)	երաշխավորել	[erašχavorél]
repetir (dizer outra vez)	կրկնել	[krknel]
reservar (~ um quarto)	ամրագրել	[amragrél]
responder (vt)	պատասխանել	[patasχanél]
rezar, orar (vi)	աղոթել	[aġotʰél]
rir (vi)	ծիծաղել	[tsitsaġél]
roubar (vt)	գողանալ	[goġanál]
saber (vt)	իմանալ	[imanál]
sair (~ de casa)	դուրս գալ	[durs gal]
salvar (resgatar)	փրկել	[pʰrkel]
seguir (~ alguém)	գնալ ... հետևից	[gnal ... hetevítsʰ]
sentar-se (vr)	նստել	[nstel]
ser necessário	պետք լինել	[pétkʰ linél]
ser, estar	լինել	[linél]
significar (vt)	նշանակել	[nšanakél]
sorrir (vi)	ժպտալ	[ʒptal]
subestimar (vt)	թերագնահատել	[tʰeragnahatél]
surpreender-se (vr)	զարմանալ	[zarmanál]
tentar (~ fazer)	փորձել	[pʰordzél]
ter (vt)	ունենալ	[unenál]
ter fome	ուզենալ ուտել	[uzenál utél]
ter medo	վախենալ	[vaχenál]
ter sede	ուզենալ խմել	[uzenál χmel]
tocar (com as mãos)	ձեռք տալ	[dzérkʰ tal]
tomar café da manhã	նախաճաշել	[naχačašél]
trabalhar (vi)	աշխատել	[ašχatél]
traduzir (vt)	թարգմանել	[tʰargmanél]
unir (vt)	միավորել	[miavorél]
vender (vt)	վաճառել	[vačarél]
ver (vt)	տեսնել	[tesnél]
virar (~ para a direita)	թեքվել	[tʰekʰvél]
voar (vi)	թռչել	[tʰrčel]

14. Cores

cor (f)	գույն	[gujn]
tom (m)	երանգ	[eráng]
tonalidade (m)	գուներանգ	[gunerángj]
arco-íris (m)	ծիածան	[tsiatsán]

branco (adj)	սպիտակ	[spiták]
preto (adj)	սև	[sev]
cinza (adj)	մոխրագույն	[moχragújn]
verde (adj)	կանաչ	[kanáč]
amarelo (adj)	դեղին	[deġín]
vermelho (adj)	կարմիր	[karmír]
azul (adj)	կապույտ	[kapújt]
azul claro (adj)	երկնագույն	[erknagújn]
rosa (adj)	վարդագույն	[vardagújn]
laranja (adj)	նարնջագույն	[narnʤagújn]
violeta (adj)	մանուշակագույն	[manušakagújn]
marrom (adj)	շագանակագույն	[šaganakagújn]
dourado (adj)	ոսկե	[voské]
prateado (adj)	արծաթագույն	[arʦatʰagújn]
bege (adj)	բեժ	[beʒ]
creme (adj)	կրեմագույն	[kremagújn]
turquesa (adj)	փիրուզագույն	[pʰiruzagújn]
vermelho cereja (adj)	բալագույն	[balagújn]
lilás (adj)	բաց մանուշակագույն	[baʦʰ manušakagújn]
carmim (adj)	մորեգույն	[moregújn]
claro (adj)	բաց	[baʦʰ]
escuro (adj)	մուգ	[mug]
vivo (adj)	վառ	[var]
de cor	գունավոր	[gunavór]
a cores	գունավոր	[gunavór]
preto e branco (adj)	սև ու սպիտակ	[sev u spiták]
unicolor (de uma só cor)	միագույն	[miagújn]
multicolor (adj)	գույնզգույն	[gujnzgújn]

15. Questões

Quem?	Ո՞վ	[ov?]
O que?	Ի՞նչ	[inč?]
Onde?	Որտե՞ղ	[vortéġ?]
Para onde?	Ո՞ւր	[ur?]
De onde?	Որտեղի՞ց	[vorteġíʦʰ?]
Quando?	Ե՞րբ	[erb?]
Para quê?	Ինչո՞ւ	[inčú?]
Por quê?	Ինչո՞ւ	[inčú?]
Para quê?	Ինչի՞ համար	[inčí hamár?]
Como?	Ինչպե՞ս	[inčpés?]
Qual (~ é o problema?)	Ինչպիսի՞	[inčpisí?]
Qual (~ deles?)	Ո՞րը	[voré?]
A quem?	Ո՞ւմ	[um?]
De quem?	Ո՞ւմ մասին	[úm masín?]
Do quê?	Ինչի՞ մասին	[inčí masín?]

Com quem?	Ո՞ւմ հետ	[úm het?]
Quanto, -os, -as?	քանի՞	[kʰaní?]
De quem? (masc.)	Ո՞ւմ	[um?]

16. Preposições

com (prep.)	... հետ	[... het]
sem (prep.)	առանց	[aránʦʰ]
a, para (exprime lugar)	մեջ	[meʤ]
sobre (ex. falar ~)	մասին	[masín]
antes de ...	առաջ	[aráʤ]
em frente de ...	առաջ	[aráʤ]
debaixo de ...	տակ	[tak]
sobre (em cima de)	վերևում	[verevúm]
em ..., sobre ...	վրա	[vra]
de, do (sou ~ Rio de Janeiro)	...ից	[... iʦʰ]
de (feito ~ pedra)	...ից	[... iʦʰ]
em (~ 3 dias)	... անց	[... anʦʰ]
por cima de ...	միջով	[miʤóv]

17. Palavras funcionais. Advérbios. Parte 1

Onde?	Որտե՞ղ	[vortéġ?]
aqui	այստեղ	[ajstéġ]
lá, ali	այնտեղ	[ajntéġ]
em algum lugar	որևէ տեղ	[vorevē teġ]
em lugar nenhum	ոչ մի տեղ	[voč mi teġ]
perto de ...	... մոտ	[... mot]
perto da janela	պատուհանի մոտ	[patuhaní mót]
Para onde?	Ո՞ւր	[ur?]
aqui	այստեղ	[ajstéġ]
para lá	այնտեղ	[ajntéġ]
daqui	այստեղից	[ajsteġíʦʰ]
de lá, dali	այնտեղից	[ajnteġíʦʰ]
perto	մոտ	[mot]
longe	հեռու	[herú]
perto de ...	մոտ	[mot]
à mão, perto	մոտակայքում	[motakajkʰúm]
não fica longe	մոտիկ	[motík]
esquerdo (adj)	ձախ	[ʣaχ]
à esquerda	ձախ կողմից	[ʣaχ koġmíʦʰ]
para a esquerda	դեպի ձախ	[depí ʣaχ]
direito (adj)	աջ	[aʤ]
à direita	աջ կողմից	[aʤ koġmíʦʰ]

para a direita	դեպի աջ	[depí adʒ]
em frente	առջևից	[ardʒevíts^{h}]
da frente	առջևի	[ardʒeví]
adiante (para a frente)	առաջ	[arádʒ]
atrás de ...	հետևում	[hetevúm]
de trás	հետևից	[hetevíts^{h}]
para trás	հետ	[het]
meio (m), metade (f)	մեջտեղ	[medʒtéġ]
no meio	մեջտեղում	[medʒteġúm]
do lado	կողքից	[koġk^{h}íts^{h}]
em todo lugar	ամենուր	[amenúr]
por todos os lados	շուրջը	[šúrdʒə]
de dentro	միջից	[midʒíts^{h}]
para algum lugar	որևէ տեղ	[vorevē teġ]
diretamente	ուղիղ	[uġíġ]
de volta	ետ	[et]
de algum lugar	որևէ տեղից	[vorevē teġíts^{h}]
de algum lugar	ինչ-որ տեղից	[inč vor teġíts^{h}]
em primeiro lugar	առաջինը	[aradʒínə]
em segundo lugar	երկրորդը	[erkrórdə]
em terceiro lugar	երրորդը	[errórdə]
de repente	հանկարծակի	[hankartsáki]
no início	սկզբում	[skzbum]
pela primeira vez	առաջին անգամ	[aradʒín angám]
muito antes de ...	... շատ առաջ	[... šat arádʒ]
de novo	կրկին	[krkin]
para sempre	ընդմիշտ	[əndmíšt]
nunca	երբեք	[erbék^{h}]
de novo	նորից	[noríts^{h}]
agora	այժմ	[ajʒm]
frequentemente	հաճախ	[hačáχ]
então	այն ժամանակ	[ajn ʒamanák]
urgentemente	շտապ	[štap]
normalmente	սովորաբար	[sovorabár]
a propósito, ...	ի դեպ, ...	[i dep ...]
é possível	հնարավոր է	[hnaravór ē]
provavelmente	հավանաբար	[havanabár]
talvez	միգուցե	[miguts^{h}é]
além disso, ...	բացի այդ, ...	[bats^{h}í ájd ...]
por isso ...	այդ պատճառով	[ajd patčaróv]
apesar de ...	չնայած ...	[čnajáts ...]
graças a ...	շնորհիվ ...	[šnorhív ...]
que (pron.)	ինչ	[inč]
que (conj.)	որ	[vor]
algo	ինչ-որ բան	[inč vor bán]
alguma coisa	որևէ բան	[vórevē ban]

nada	ոչ մի բան	[voč mi ban]
quem	ով	[ov]
alguém (~ que ...)	ինչ-որ մեկը	[inč vor mékə]
alguém (com ~)	որևէ մեկը	[vórevē mékə]
ninguém	ոչ մեկ	[voč mek]
para lugar nenhum	ոչ մի տեղ	[voč mi teġ]
de ninguém	ոչ մեկինը	[voč mekínə]
de alguém	որևէ մեկինը	[vórevē mekínə]
tão	այնպես	[ajnpés]
também (gostaria ~ de ...)	նմանապես	[nmanapés]
também (~ eu)	նույնպես	[nújnpes]

18. Palavras funcionais. Advérbios. Parte 2

Por quê?	Ինչո՞ւ	[inčú?]
por alguma razão	չգիտես ինչու	[čgités inčú]
porque ...	որովհետև, ...	[vorovhetév ...]
por qualquer razão	ինչ-որ նպատակով	[inč vor npatakóv]
e (tu ~ eu)	և	[ev]
ou (ser ~ não ser)	կամ	[kam]
mas (porém)	բայց	[bajʦʰ]
para (~ a minha mãe)	համար	[hamár]
muito, demais	չափազանց	[čapʰazánʦʰ]
só, somente	միայն	[miájn]
exatamente	ճիշտ	[čišt]
cerca de (~ 10 kg)	մոտ	[mot]
aproximadamente	մոտավորապես	[motavorapés]
aproximado (adj)	մոտավոր	[motavór]
quase	գրեթե	[grétʰe]
resto (m)	մնացածը	[mnaʦʰáʦə]
cada (adj)	յուրաքանչյուր	[jurakʰančjúr]
qualquer (adj)	ցանկացած	[ʦankaʦʰáʦ]
muito, muitos, muitas	շատ	[šat]
muitas pessoas	շատերը	[šatérə]
todos	բոլորը	[bolórə]
em troca de ...	ի փոխարեն ...	[i pʰoχarén ...]
em troca	փոխարեն	[pʰoχarén]
à mão	ձեռքով	[ʣerkʰóv]
pouco provável	հազիվ թե	[hazív tʰe]
provavelmente	երևի	[ereví]
de propósito	դիտմամբ	[ditmámb]
por acidente	պատահաբար	[patahabár]
muito	շատ	[šat]
por exemplo	օրինակ	[orinák]
entre	միջև	[miʤév]

entre (no meio de)	**միջավայրում**	[midʒavajrúm]
tanto	**այնքան**	[ajnkʰán]
especialmente	**հատկապես**	[hatkapés]

Conceitos básicos. Parte 2

19. Dias da semana

segunda-feira (f)	երկուշաբթի	[erkušabtʰí]
terça-feira (f)	երեքշաբթի	[erekʰšabtʰí]
quarta-feira (f)	չորեքշաբթի	[čorekʰšabtʰí]
quinta-feira (f)	հինգշաբթի	[hingšabtʰí]
sexta-feira (f)	ուրբաթ	[urbátʰ]
sábado (m)	շաբաթ	[šabátʰ]
domingo (m)	կիրակի	[kirakí]
hoje	այսօր	[ajsór]
amanhã	վաղը	[váġə]
depois de amanhã	վաղը չէ մյուս օրը	[váġə čē mjus órə]
ontem	երեկ	[erék]
anteontem	նախանցյալ օրը	[naχantsʰjál órə]
dia (m)	օր	[or]
dia (m) de trabalho	աշխատանքային օր	[ašχatankʰajín or]
feriado (m)	տոնական օր	[tonakán or]
dia (m) de folga	հանգստյան օր	[hangstján ór]
fim (m) de semana	շաբաթ, կիրակի	[šabátʰ, kirakí]
o dia todo	ամբողջ օր	[ambóġʤ ór]
no dia seguinte	մյուս օրը	[mjus órə]
há dois dias	երկու օր առաջ	[erkú or aráʤ]
na véspera	նախորդ օրը	[naχórd órə]
diário (adj)	ամենօրյա	[amenorjá]
todos os dias	ամեն օր	[amén or]
semana (f)	շաբաթ	[šabátʰ]
na semana passada	անցյալ շաբաթ	[antsʰjál šabátʰ]
semana que vem	հաջորդ շաբաթ	[haʤórt shabát]
semanal (adj)	շաբաթական	[šabatʰakán]
toda semana	շաբաթական	[šabatʰakán]
duas vezes por semana	շաբաթը երկու անգամ	[šabátʰə erkú angám]
toda terça-feira	ամեն երեքշաբթի	[amén erekʰšabtʰí]

20. Horas. Dia e noite

manhã (f)	առավոտ	[aravót]
de manhã	առավոտյան	[aravotján]
meio-dia (m)	կեսօր	[kesór]
à tarde	ճաշից հետո	[čašítsʰ hetó]
tardinha (f)	երեկո	[erekó]
à tardinha	երեկոյան	[erekoján]

noite (f)	գիշեր	[gišér]
à noite	գիշերը	[gišérə]
meia-noite (f)	կեսգիշեր	[kesgišér]
segundo (m)	վայրկյան	[vajrkján]
minuto (m)	րոպե	[ropé]
hora (f)	ժամ	[ʒam]
meia hora (f)	կես ժամ	[kes ʒam]
quarto (m) de hora	քառորդ ժամ	[kʰarórd ʒam]
quinze minutos	տասնհինգ րոպե	[tasnhíng ropé]
vinte e quatro horas	օր	[or]
nascer (m) do sol	արևածագ	[arevaʦág]
amanhecer (m)	արևածագ	[arevaʦág]
madrugada (f)	վաղ առավոտ	[vaġ aravót]
pôr-do-sol (m)	մայրամուտ	[majramút]
de madrugada	վաղ առավոտյան	[váġ aravotján]
esta manhã	այսօր առավոտյան	[ajsór aravotján]
amanhã de manhã	վաղը առավոտյան	[váġə aravotján]
esta tarde	այսօր ցերեկը	[ajsór ʦʰerékə]
à tarde	ճաշից հետո	[čašíʦʰ hetó]
amanhã à tarde	վաղը ճաշից հետո	[váġə čašíʦʰ hetó]
esta noite, hoje à noite	այսօր երեկոյան	[ajsór erekoján]
amanhã à noite	վաղը երեկոյան	[váġə erekoján]
às três horas em ponto	ուղիղ ժամը երեքին	[uġíġ ʒámə erekʰín]
por volta das quatro	մոտ ժամը չորսին	[mot ʒámə čorsín]
às doze	մոտ ժամը տասներկուսին	[mot ʒámə tasnerkusín]
em vinte minutos	քսան րոպեից	[kʰsán ropeíʦʰ]
em uma hora	մեկ ժամից	[mek ʒamíʦʰ]
a tempo	ժամանակին	[ʒamanakín]
... um quarto para	տասնհինգ պակաս	[tasnhíng pakás]
dentro de uma hora	մեկ ժամվա ընթացքում	[mek ʒamvá əntʰaʦʰkʰúm]
a cada quinze minutos	տասնհինգ րոպեն մեկ	[tasnhíng ropén mek]
as vinte e quatro horas	ողջ օրը	[voġʤ órə]

21. Meses. Estações

janeiro (m)	հունվար	[hunvár]
fevereiro (m)	փետրվար	[pʰetrvár]
março (m)	մարտ	[mart]
abril (m)	ապրիլ	[apríl]
maio (m)	մայիս	[majís]
junho (m)	հունիս	[hunís]
julho (m)	հուլիս	[hulís]
agosto (m)	օգոստոս	[ogostós]
setembro (m)	սեպտեմբեր	[septembér]
outubro (m)	հոկտեմբեր	[hoktembér]

novembro (m)	նոյեմբեր	[noembér]
dezembro (m)	դեկտեմբեր	[dektembér]
primavera (f)	գարուն	[garún]
na primavera	գարնանը	[garnánə]
primaveril (adj)	գարնանային	[garnanajín]
verão (m)	ամառ	[amár]
no verão	ամռանը	[amránə]
de verão	ամառային	[amarajín]
outono (m)	աշուն	[ašún]
no outono	աշնանը	[ašnánə]
outonal (adj)	աշնանային	[ašnanajín]
inverno (m)	ձմեռ	[ʣmer]
no inverno	ձմռանը	[ʣmránə]
de inverno	ձմեռային	[ʣmerajín]
mês (m)	ամիս	[amís]
este mês	այս ամիս	[ajs amís]
mês que vem	մյուս ամիս	[mjús amís]
no mês passado	անցյալ ամիս	[anʦʰjál amís]
um mês atrás	մեկ ամիս առաջ	[mek amís arádʒ]
em um mês	մեկ ամիս հետո	[mek amís hetó]
em dois meses	երկու ամիս հետո	[erkú amís hetó]
todo o mês	ամբողջ ամիս	[ambóġdʒ amís]
um mês inteiro	ողջ ամիս	[voġdʒ amís]
mensal (adj)	ամսական	[amsakán]
mensalmente	ամեն ամիս	[amén amís]
todo mês	ամեն ամիս	[amén amís]
duas vezes por mês	ամսական երկու անգամ	[amsakán erkú angám]
ano (m)	տարի	[tarí]
este ano	այս տարի	[ajs tarí]
ano que vem	մյուս տարի	[mjus tarí]
no ano passado	անցյալ տարի	[anʦʰjál tarí]
há um ano	մեկ տարի առաջ	[mek tarí arádʒ]
em um ano	մեկ տարի անց	[mek tarí ánʦʰ]
dentro de dois anos	երկու տարի անց	[erkú tarí anʦʰ]
todo o ano	ամբողջ տարի	[ambóġdʒ tarí]
um ano inteiro	ողջ տարի	[voġdʒ tarí]
cada ano	ամեն տարի	[amén tarí]
anual (adj)	տարեկան	[tarekán]
anualmente	ամեն տարի	[amén tarí]
quatro vezes por ano	տարեկան չորս անգամ	[tarekán čórs angám]
data (~ de hoje)	ամսաթիվ	[amsatʰív]
data (ex. ~ de nascimento)	ամսաթիվ	[amsatʰív]
calendário (m)	օրացույց	[oraʦʰújʦʰ]
meio ano	կես տարի	[kes tarí]
seis meses	կիսամյակ	[kisamják]

estação (f)	սեզոն	[sezón]
século (m)	դար	[dar]

22. Unidades de medida

peso (m)	քաշ	[kʰaš]
comprimento (m)	երկարություն	[erkarutʰjún]
largura (f)	լայնություն	[lajnutʰjún]
altura (f)	բարձրություն	[barʣrutʰjún]
profundidade (f)	խորություն	[χorutʰjún]
volume (m)	ծավալ	[ʦavál]
área (f)	մակերես	[makerés]
grama (m)	գրամ	[gram]
miligrama (m)	միլիգրամ	[miligrám]
quilograma (m)	կիլոգրամ	[kilográm]
tonelada (f)	տոննա	[tónna]
libra (453,6 gramas)	ֆունտ	[funt]
onça (f)	ունցիա	[únʦʰia]
metro (m)	մետր	[metr]
milímetro (m)	միլիմետր	[milimétr]
centímetro (m)	սանտիմետր	[santimétr]
quilômetro (m)	կիլոմետր	[kilométr]
milha (f)	մղոն	[mġon]
polegada (f)	դյույմ	[djujm]
pé (304,74 mm)	ֆութ	[futʰ]
jarda (914,383 mm)	յարդ	[jard]
metro (m) quadrado	քառակուսի մետր	[kʰarakusí métr]
hectare (m)	հեկտար	[hektár]
litro (m)	լիտր	[litr]
grau (m)	աստիճան	[astičán]
volt (m)	վոլտ	[volt]
ampère (m)	ամպեր	[ampér]
cavalo (m) de potência	ձիաուժ	[ʣiaúʒ]
quantidade (f)	քանակ	[kʰanák]
um pouco de ...	մի փոքր ...	[mi pʰokʰr ...]
metade (f)	կես	[kes]
dúzia (f)	դյուժին	[djuʒín]
peça (f)	հատ	[hat]
tamanho (m), dimensão (f)	չափս	[čapʰs]
escala (f)	մասշտաբ	[masštáb]
mínimo (adj)	նվազագույն	[nvazagújn]
menor, mais pequeno	փոքրագույն	[pʰokʰragújn]
médio (adj)	միջին	[miʤín]
máximo (adj)	առավելագույն	[aravelagújn]
maior, mais grande	մեծագույն	[meʦagújn]

23. Recipientes

pote (m) de vidro	բանկա	[banká]
lata (~ de cerveja)	տարա	[tará]
balde (m)	դույլ	[dujl]
barril (m)	տակառ	[takár]
bacia (~ de plástico)	թաս	[tʰas]
tanque (m)	բաք	[bakʰ]
cantil (m) de bolso	տափակաշիշ	[tapʰakašíš]
galão (m) de gasolina	թիթեղ	[tʰitʰéġ]
cisterna (f)	ցիստեռն	[ʦʰistérn]
caneca (f)	գավաթ	[gavátʰ]
xícara (f)	բաժակ	[baʒák]
pires (m)	պնակ	[pnak]
copo (m)	բաժակ	[baʒák]
taça (f) de vinho	գավաթ	[gavátʰ]
panela (f)	կաթսա	[katʰsá]
garrafa (f)	շիշ	[šiš]
gargalo (m)	բերան	[berán]
jarra (f)	գրաֆին	[grafín]
jarro (m)	սափոր	[sapʰór]
recipiente (m)	անոթ	[anótʰ]
pote (m)	կճուճ	[kčuč]
vaso (m)	վազա	[váza]
frasco (~ de perfume)	սրվակ	[srvak]
frasquinho (m)	սրվակիկ	[srvakík]
tubo (m)	պարկուճ	[parkúč]
saco (ex. ~ de açúcar)	պարկ	[park]
sacola (~ plastica)	տոպրակ	[toprák]
maço (de cigarros, etc.)	տուփ	[tupʰ]
caixa (~ de sapatos, etc.)	տուփ	[tupʰ]
caixote (~ de madeira)	դարակ	[darák]
cesto (m)	զամբյուղ	[zambjúġ]

O SER HUMANO

O ser humano. O corpo

24. Cabeça

cabeça (f)	գլուխ	[gluχ]
rosto, cara (f)	երես	[erés]
nariz (m)	քիթ	[k^{h}it^h]
boca (f)	բերան	[berán]
olho (m)	աչք	[ačk^h]
olhos (m pl)	աչքեր	[ačk^{h}ér]
pupila (f)	բիբ	[bib]
sobrancelha (f)	ունք	[unk^h]
cílio (f)	թարթիչ	[t^{h}art^{h}íč]
pálpebra (f)	կոպ	[kap]
língua (f)	լեզու	[lezú]
dente (m)	ատամ	[atám]
lábios (m pl)	շրթունքներ	[šrt^{h}unk^{h}nér]
maçãs (f pl) do rosto	այտոսկրեր	[ajtoskrér]
gengiva (f)	լինդ	[lind]
palato (m)	քիմք	[kimk^h]
narinas (f pl)	քթածակեր	[k^{h}t^{h}atsakér]
queixo (m)	կզակ	[kzak]
mandíbula (f)	ծնոտ	[tsnot]
bochecha (f)	այտ	[ajt]
testa (f)	ճակատ	[čakát]
têmpora (f)	քներակ	[k^{h}nerák]
orelha (f)	ականջ	[akándʒ]
costas (f pl) da cabeça	ծոծրակ	[tsotsrák]
pescoço (m)	պարանոց	[paranóts^h]
garganta (f)	կոկորդ	[kokórd]
cabelo (m)	մազեր	[mazér]
penteado (m)	սանրվածք	[sanrvátsk^h]
corte (m) de cabelo	սանրվածք	[sanrvátsk^h]
peruca (f)	կեղծամ	[keġtsám]
bigode (m)	բեղեր	[beġér]
barba (f)	մորուք	[morúk^h]
ter (~ barba, etc.)	կրել	[krel]
trança (f)	հյուս	[hjus]
suíças (f pl)	այտամորուք	[ajtamorúk^h]
ruivo (adj)	շիկահեր	[šikahér]
grisalho (adj)	ալեհեր	[alehér]

careca (adj)	ճաղատ	[čaġát]
calva (f)	ճաղատ	[čaġát]
rabo-de-cavalo (m)	պոչ	[poč]
franja (f)	մազափունջ	[mazap^{h}únʤ]

25. Corpo humano

mão (f)	դաստակ	[dasták]
braço (m)	թև	[t^{h}ev]
dedo (m)	մատ	[mat]
polegar (m)	բութ մատ	[but^h mát]
dedo (m) mindinho	ճկույթ	[čkujt^h]
unha (f)	եղունգ	[eġúng]
punho (m)	բռունցք	[brunʦ^{h}k^h]
palma (f)	ափ	[ap^h]
pulso (m)	դաստակ	[dasták]
antebraço (m)	նախաբազուկ	[naχabazúk]
cotovelo (m)	արմունկ	[aṙmúnk]
ombro (m)	ուս	[us]
perna (f)	ոտք	[votk^h]
pé (m)	ոտնաթաթ	[votnat^{h}át^h]
joelho (m)	ծունկ	[ʦunk]
panturrilha (f)	սրունք	[srunk^h]
quadril (m)	ազդր	[azdr]
calcanhar (m)	կրունկ	[krunk]
corpo (m)	մարմին	[marmín]
barriga (f), ventre (m)	փոր	[p^{h}or]
peito (m)	կրծքավանդակ	[krʦk^{h}avandák]
seio (m)	կուրծք	[kurʦk^h]
lado (m)	կող	[koġ]
costas (dorso)	մեջք	[meʤk^h]
região (f) lombar	գոտկատեղ	[gotkatéġ]
cintura (f)	գոտկատեղ	[gotkatéġ]
umbigo (m)	պորտ	[port]
nádegas (f pl)	նստատեղ	[nstatéġ]
traseiro (m)	հետույք	[hetújk^h]
sinal (m), pinta (f)	խալ	[χal]
tatuagem (f)	դաջվածք	[daʤváʦk^h]
cicatriz (f)	սպի	[spi]

Vestuário & Acessórios

26. Roupa exterior. Casacos

roupa (f)	հագուստ	[hagúst]
roupa (f) exterior	վերնազգեստ	[vernazgést]
roupa (f) de inverno	ձմեռային հագուստ	[ʣmerajín hagúst]
sobretudo (m)	վերարկու	[verarkú]
casaco (m) de pele	մուշտակ	[mušták]
jaqueta (f) de pele	կիսամուշտակ	[kisamušták]
casaco (m) acolchoado	բմբուլե բաճկոն	[bmbulé bačkón]
casaco (m), jaqueta (f)	բաճկոն	[bačkón]
impermeável (m)	թիկնոց	[tʰiknóʦʰ]
a prova d'água	անջրանցիկ	[anʤranʦʰík]

27. Vestuário de homem & mulher

camisa (f)	վերնաշապիկ	[vernašapík]
calça (f)	տաբատ	[tabát]
jeans (m)	ջինսեր	[ʤinsér]
paletó, terno (m)	պիջակ	[piʤák]
terno (m)	կոստյում	[kostjúm]
vestido (ex. ~ de noiva)	զգեստ	[zgest]
saia (f)	շրջազգեստ	[šrʤazgést]
blusa (f)	բլուզ	[bluz]
casaco (m) de malha	կոֆտա	[koftá]
casaco, blazer (m)	ժակետ	[ʒakét]
camiseta (f)	մարզաշապիկ	[marzašapík]
short (m)	կարճ տաբատ	[karč tabát]
training (m)	մարզազգեստ	[marzazgést]
roupão (m) de banho	խալաթ	[χalátʰ]
pijama (m)	ննջազգեստ	[nnʤazgést]
suéter (m)	սվիտեր	[svitér]
pulôver (m)	պուլովեր	[pulóver]
colete (m)	բաճկոնակ	[bačkonák]
fraque (m)	ֆրակ	[frak]
smoking (m)	սմոկինգ	[smóking]
uniforme (m)	համազգեստ	[hamazgést]
roupa (f) de trabalho	աշխատանքային համազգեստ	[ašχatankʰajín hamazgést]
macacão (m)	կոմբինեզոն	[kombinezón]
jaleco (m), bata (f)	խալաթ	[χalátʰ]

28. Vestuário. Roupa interior

roupa (f) íntima	ներքնազգեստ	[nerkʰnazgést]
camiseta (f)	ներքնաշապիկ	[nerkʰnašapík]
meias (f pl)	կիսագուլպա	[kisagulpá]
camisola (f)	գիշերանոց	[gišeranótsʰ]
sutiã (m)	կրծքակալ	[krtskʰákal]
meias longas (f pl)	կարճ գուլպաներ	[karč gulpanér]
meias-calças (f pl)	զուգագուլպա	[zugagulpá]
meias (~ de nylon)	գուլպաներ	[gulpanér]
maiô (m)	լողազգեստ	[loġazgést]

29. Adereços de cabeça

chapéu (m), touca (f)	գլխարկ	[glχark]
chapéu (m) de feltro	եզրավոր գլխարկ	[ezravór glχárk]
boné (m) de beisebol	մարզագլխարկ	[marzaglχárk]
boina (~ italiana)	կեպի	[képi]
boina (ex. ~ basca)	բերետ	[berét]
capuz (m)	գլխանոց	[glχanótsʰ]
chapéu panamá (m)	պանամա	[panáma]
touca (f)	գործած գլխարկ	[gortsáts glχárk]
lenço (m)	գլխաշոր	[glχašór]
chapéu (m) feminino	գլխարկիկ	[glχarkík]
capacete (m) de proteção	սաղավարտ	[saġavárt]
bibico (m)	պիլոտկա	[pilótka]
capacete (m)	սաղավարտ	[saġavárt]
chapéu-coco (m)	կոտելոկ	[kotelók]
cartola (f)	գլանագլխարկ	[glanaglχárk]

30. Calçado

calçado (m)	կոշիկ	[košík]
botinas (f pl), sapatos (m pl)	ճտքավոր կոշիկներ	[čtkʰavór košiknér]
sapatos (de salto alto, etc.)	կոշիկներ	[košiknér]
botas (f pl)	երկարաճիտ կոշիկներ	[erkaračít košiknér]
pantufas (f pl)	հողաթափեր	[hoġatʰapʰér]
tênis (~ Nike, etc.)	բոթասներ	[botʰasnér]
tênis (~ Converse)	մարզական կոշիկներ	[marzakán košiknér]
sandálias (f pl)	սանդալներ	[sandalnér]
sapateiro (m)	կոշկակար	[koškakár]
salto (m)	կրունկ	[krunk]
par (m)	զույգ	[zujg]
cadarço (m)	կոշկակապ	[koškakáp]

amarrar os cadarços	կոշկակապել	[koškakapél]
calçadeira (f)	թիակ	[tʰiak]
graxa (f) para calçado	կոշիկի քսուք	[košikí ksúkʰ]

31. Acessórios pessoais

luva (f)	ձեռնոցներ	[dzernotsʰnér]
mitenes (f pl)	ձեռնոց	[dzernótsʰ]
cachecol (m)	շարֆ	[šarf]
óculos (m pl)	ակնոց	[aknótsʰ]
armação (f)	շրջանակ	[šrdʒanák]
guarda-chuva (m)	հովանոց	[hovanótsʰ]
bengala (f)	ձեռնափայտ	[dzernapʰájt]
escova (f) para o cabelo	մազերի խոզանակ	[mazerí χozanák]
leque (m)	հովհար	[hovhár]
gravata (f)	փողկապ	[pʰoġkáp]
gravata-borboleta (f)	փողկապ-թիթեռնիկ	[pʰoġkáp tʰitʰerník]
suspensórios (m pl)	տաբատակալ	[tabatakál]
lenço (m)	թաշկինակ	[tʰaškinák]
pente (m)	սանր	[sanr]
fivela (f) para cabelo	մազակալ	[mazakál]
grampo (m)	ծամկալ	[tsamkál]
fivela (f)	ճարմանդ	[čarmánd]
cinto (m)	գոտի	[gotí]
alça (f) de ombro	փոկ	[pʰok]
bolsa (f)	պայուսակ	[pajusák]
bolsa (feminina)	կանացի պայուսակ	[kanatsʰí pajusák]
mochila (f)	ուղեպարկ	[uġepárk]

32. Vestuário. Diversos

moda (f)	նորաձևություն	[noradzevutʰjún]
na moda (adj)	նորաձև	[noradzév]
estilista (m)	մոդելյեր	[modelér]
colarinho (m)	օձիք	[odzíkʰ]
bolso (m)	գրպան	[grpan]
de bolso	գրպանի	[grpaní]
manga (f)	թևք	[tʰevkʰ]
ganchinho (m)	կախիչ	[kaχíč]
braguеta (f)	լայնույթ	[lajnújtʰ]
zíper (m)	կայծակաճարմանդ	[kajtsaka čarmánd]
colchete (m)	ճարմանդ	[čarmánd]
botão (m)	կոճակ	[kočák]
botoeira (casa de botão)	հանգույց	[hangújtsʰ]
soltar-se (vr)	պոկվել	[pokvél]

costurar (vi)	կարել	[karél]
bordar (vt)	ասեղնագործել	[aseġnagorʦél]
bordado (m)	ասեղնագործություն	[aseġnagorʦut^{h}jún]
agulha (f)	ասեղ	[aséġ]
fio, linha (f)	թել	[t^{h}el]
costura (f)	կար	[kar]
sujar-se (vr)	կեղտոտվել	[keġtotvél]
mancha (f)	բիծ	[biʦ]
amarrotar-se (vr)	ճմրթվել	[čmrt^{h}el]
rasgar (vt)	ճղվել	[čġvel]
traça (f)	ցեց	[ʦ^{h}eʦ^{h}]

33. Cuidados pessoais. Cosméticos

pasta (f) de dente	ատամի մածուկ	[atamí maʦúk]
escova (f) de dente	ատամի խոզանակ	[atamí χozanák]
escovar os dentes	ատամները մաքրել	[atamnérə mak^{h}rél]
gilete (f)	ածելի	[aʦelí]
creme (m) de barbear	սափրվելու կրեմ	[sap^{h}rvelú krem]
barbear-se (vr)	սափրվել	[sap^{h}rvél]
sabonete (m)	օճառ	[očár]
xampu (m)	շամպուն	[šampún]
tesoura (f)	մկրատ	[mkrat]
lixa (f) de unhas	խարտոց	[χartóʦ^{h}]
corta-unhas (m)	ունելիք	[unelík^{h}]
pinça (f)	ունելի	[unelí]
cosméticos (m pl)	կոսմետիկա	[kosmétika]
máscara (f)	դիմակ	[dimák]
manicure (f)	մանիկյուր	[manikjúr]
fazer as unhas	մատնահարդարում	[matnahardarúm]
pedicure (f)	պեդիկյուր	[pedikjúr]
bolsa (f) de maquiagem	կոսմետիկայի պայուսակ	[kosmetikají pajusák]
pó (de arroz)	դիմափոշի	[dimap^{h}oší]
pó (m) compacto	դիմափոշու աման	[dimap^{h}ošú amán]
blush (m)	կարմրաներկ	[karmranérk]
perfume (m)	օծանելիք	[oʦanelík^{h}]
água-de-colônia (f)	անուշահոտ ջուր	[anušahót ʤur]
loção (f)	լոսյոն	[losjón]
colônia (f)	օդեկոլոն	[odekolón]
sombra (f) de olhos	կոպերի ներկ	[koperí nérk]
delineador (m)	աչքի մատիտ	[ačk^{h}í matít]
máscara (f), rímel (m)	տուշ	[tuš]
batom (m)	շրթներկ	[šrt^{h}nerk]
esmalte (m)	եղունգների լաք	[eġungnerí lák^{h}]
laquê (m), spray fixador (m)	մազերի լաք	[mazerí lak^{h}]

desodorante (m)	դեզոդորանտ	[dezodoránt]
creme (m)	կրեմ	[krem]
creme (m) de rosto	դեմքի կրեմ	[demkʰí krem]
creme (m) de mãos	ձեռքի կրեմ	[ʣerkʰí krem]
creme (m) antirrugas	կնճիռների դեմ կրեմ	[knčirnerí dém krém]
de dia	ցերեկային	[ʦʰerekajín]
da noite	գիշերային	[gišerajín]
absorvente (m) interno	տամպոն	[tampón]
papel (m) higiênico	զուգարանի թուղթ	[zugaraní tʰúġtʰ]
secador (m) de cabelo	ֆեն	[fen]

34. Relógios de pulso. Relógios

relógio (m) de pulso	ձեռքի ժամացույց	[ʣerkʰí ʒamaʦʰújʦʰ]
mostrador (m)	թվահարթակ	[tʰvahartʰák]
ponteiro (m)	սլաք	[slakʰ]
bracelete (em aço)	շղթա	[šġtʰa]
bracelete (em couro)	փոկ	[pʰok]
pilha (f)	մարտկոց	[martkóʦʰ]
acabar (vi)	նստել	[nstel]
trocar a pilha	մարտկոցը փոխել	[martkóʦʰə pʰoχél]
estar adiantado	առաջ ընկնել	[aráʤ ənknél]
estar atrasado	ետ ընկնել	[et ənknél]
relógio (m) de parede	պատի ժամացույց	[patí ʒamaʦʰújʦʰ]
ampulheta (f)	ավազի ժամացույց	[avazí ʒamaʦʰújʦʰ]
relógio (m) de sol	արևի ժամացույց	[areví ʒamaʦʰújʦʰ]
despertador (m)	զարթուցիչ	[zartʰuʦʰíč]
relojoeiro (m)	ժամագործ	[ʒamagórʦ]
reparar (vt)	նորոգել	[norogél]

Alimentação. Nutrição

35. Comida

carne (f)	միս	[mis]
galinha (f)	հավ	[hav]
frango (m)	ճուտ	[čut]
pato (m)	բադ	[bad]
ganso (m)	սագ	[sag]
caça (f)	որսամիս	[vorsamís]
peru (m)	հնդկահավ	[hndkaháv]
carne (f) de porco	խոզի միս	[χozí mis]
carne (f) de vitela	հորթի միս	[hort^{h}í mís]
carne (f) de carneiro	ոչխարի միս	[vočχarí mis]
carne (f) de vaca	տավարի միս	[tavarí mis]
carne (f) de coelho	ճագար	[čagár]
linguiça (f), salsichão (m)	երշիկ	[eršík]
salsicha (f)	նրբերշիկ	[nrberšík]
bacon (m)	բեկոն	[bekón]
presunto (m)	խոզապուխտ	[χozapúχt]
pernil (m) de porco	ազդր	[azdr]
patê (m)	պաշտետ	[paštét]
fígado (m)	լյարդ	[ljard]
guisado (m)	աղացած միս	[aġaʦ^{h}áʦ mis]
língua (f)	լեզու	[lezú]
ovo (m)	ձու	[ʣu]
ovos (m pl)	ձվեր	[ʣver]
clara (f) de ovo	սպիտակուց	[spitakúʦ^h]
gema (f) de ovo	դեղնուց	[deġnúʦ^h]
peixe (m)	ձուկ	[ʣuk]
mariscos (m pl)	ծովամթերքներ	[ʦovamt^{h}erk^{h}nér]
caviar (m)	ձկնկիթ	[ʣknkit^h]
caranguejo (m)	ծովախեցգետին	[ʦovaχeʦ^{h}getín]
camarão (m)	մանր ծովախեցգետին	[mánr ʦovaχeʦ^{h}getín]
ostra (f)	ոստրե	[vostré]
lagosta (f)	լանգուստ	[langúst]
polvo (m)	ութոտնուկ	[ut^{h}otnúk]
lula (f)	կաղամար	[kaġamár]
esturjão (m)	թառափ	[t^{h}aráp^h]
salmão (m)	սաղման	[saġmán]
halibute (m)	վահանաձուկ	[vahanaʣúk]
bacalhau (m)	ձողաձուկ	[ʣoġaʣúk]
cavala, sarda (f)	թյունիկ	[t^{h}juník]

atum (m)	թյուննոս	[tʰjunnós]
enguia (f)	օձաձուկ	[odzadzúk]
truta (f)	իշխան	[išχán]
sardinha (f)	սարդինա	[sardína]
lúcio (m)	գայլաձուկ	[gajladzúk]
arenque (m)	ծովատառեխ	[tsovataréχ]
pão (m)	հաց	[hatsʰ]
queijo (m)	պանիր	[panír]
açúcar (m)	շաքար	[šakʰár]
sal (m)	աղ	[aġ]
arroz (m)	բրինձ	[brindz]
massas (f pl)	մակարոն	[makarón]
talharim, miojo (m)	լափշա	[lapʰšá]
manteiga (f)	սերուցքային կարագ	[serutsʰkʰajín karág]
óleo (m) vegetal	բուսական յուղ	[busakán júġ]
óleo (m) de girassol	արևածաղկի ձեթ	[arevatsaġkí dzetʰ]
margarina (f)	մարգարին	[margarín]
azeitonas (f pl)	զեյթուն	[zeytún]
azeite (m)	ձիթապտղի ձեթ	[dzitʰaptġí dzetʰ]
leite (m)	կաթ	[katʰ]
leite (m) condensado	խտացրած կաթ	[χtatsʰráts kátʰ]
iogurte (m)	յոգուրտ	[jogúrt]
creme (m) azedo	թթվասեր	[tʰtʰvasér]
creme (m) de leite	սերուցք	[serútsʰkʰ]
maionese (f)	մայոնեզ	[majonéz]
creme (m)	կրեմ	[krem]
grãos (m pl) de cereais	ձավար	[dzavár]
farinha (f)	ալյուր	[aljúr]
enlatados (m pl)	պահածոներ	[pahatsonér]
flocos (m pl) de milho	եգիպտացորենի փաթիլներ	[egiptatsʰorení pʰatʰilnér]
mel (m)	մեղր	[meġr]
geleia (m)	ջեմ	[dʒem]
chiclete (m)	մաստակ	[masták]

36. Bebidas

água (f)	ջուր	[dʒur]
água (f) potável	խմելու ջուր	[χmelú dʒur]
água (f) mineral	հանքային ջուր	[hankʰajín dʒúr]
sem gás (adj)	առանց գազի	[arántsʰ gazí]
gaseificada (adj)	գազավորված	[gazavorváts]
com gás	գազով	[gazóv]
gelo (m)	սառույց	[sarújtsʰ]
com gelo	սառույցով	[sarutsʰóv]

não alcoólico (adj)	ոչ ալկոհոլային	[voč alkoholajín]
refrigerante (m)	ոչ ալկոհոլային ըմպելիք	[voč alkoholajín əmpelíkʰ]
refresco (m)	զովացուցիչ ըմպելիք	[zovaʦʰuʦʰíč əmpelíkʰ]
limonada (f)	լիմոնադ	[limonád]
bebidas (f pl) alcoólicas	ալկոհոլային խմիչքներ	[alkoholajín χmičkʰnér]
vinho (m)	գինի	[giní]
vinho (m) branco	սպիտակ գինի	[spiták giní]
vinho (m) tinto	կարմիր գինի	[karmír giní]
licor (m)	լիկյոր	[likjor]
champanhe (m)	շամպայն	[šampájn]
vermute (m)	վերմուտ	[vérmut]
uísque (m)	վիսկի	[víski]
vodca (f)	օղի	[oġí]
gim (m)	ջին	[ʤin]
conhaque (m)	կոնյակ	[konják]
rum (m)	ռոմ	[rom]
café (m)	սուրճ	[surč]
café (m) preto	սև սուրճ	[sev surč]
café (m) com leite	կաթով սուրճ	[katʰóv súrč]
cappuccino (m)	սերուցքով սուրճ	[seruʦʰkʰóv surč]
café (m) solúvel	լուծվող սուրճ	[luʦvóġ súrč]
leite (m)	կաթ	[katʰ]
coquetel (m)	կոկտեյլ	[koktéjl]
batida (f), milkshake (m)	կաթնային կոկտեյլ	[katʰnajín koktéjl]
suco (m)	հյութ	[hjutʰ]
suco (m) de tomate	տոմատի հյութ	[tomatí hjútʰ]
suco (m) de laranja	նարնջի հյութ	[narnʤí hjutʰ]
suco (m) fresco	թարմ քամված հյութ	[tʰarm kʰamváʦ hjutʰ]
cerveja (f)	գարեջուր	[gareʤúr]
cerveja (f) clara	բաց գարեջուր	[baʦʰ gareʤúr]
cerveja (f) preta	մուգ գարեջուր	[múg gareʤúr]
chá (m)	թեյ	[tʰej]
chá (m) preto	սև թեյ	[sev tʰej]
chá (m) verde	կանաչ թեյ	[kanáč tʰej]

37. Vegetais

vegetais (m pl)	բանջարեղեն	[banʤareġén]
verdura (f)	կանաչի	[kanačí]
tomate (m)	լոլիկ	[lolík]
pepino (m)	վարունգ	[varúng]
cenoura (f)	գազար	[gazár]
batata (f)	կարտոֆիլ	[kartofíl]
cebola (f)	սոխ	[soχ]
alho (m)	սխտոր	[sχtor]

couve (f)	կաղամբ	[kaġámb]
couve-flor (f)	ծաղկակաղամբ	[ʦaġkakaġámb]
couve-de-bruxelas (f)	բրյուսելյան կաղամբ	[brjuseljframework kaġámb]
brócolis (m pl)	կաղամբ բրոկոլի	[kaġámb brokóli]
beterraba (f)	բազուկ	[bazúk]
berinjela (f)	սմբուկ	[smbuk]
abobrinha (f)	դդմիկ	[ddmik]
abóbora (f)	դդում	[ddum]
nabo (m)	շաղգամ	[šaġgám]
salsa (f)	մաղադանոս	[maġadanós]
endro, aneto (m)	սամիթ	[samítʰ]
alface (f)	սալաթ	[salátʰ]
aipo (m)	նեխուր	[neχúr]
aspargo (m)	ծնեբեկ	[ʦnebék]
espinafre (m)	սպինատ	[spinát]
ervilha (f)	սիսեռ	[sisér]
feijão (~ soja, etc.)	լոբի	[lobí]
milho (m)	եգիպտացորեն	[egiptaʦʰorén]
feijão (m) roxo	լոբի	[lobí]
pimentão (m)	պղպեղ	[pġpeġ]
rabanete (m)	բողկ	[boġk]
alcachofra (f)	արտիճուկ	[artičúk]

38. Frutos. Nozes

fruta (f)	միրգ	[mirg]
maçã (f)	խնձոր	[χnʣor]
pera (f)	տանձ	[tanʣ]
limão (m)	կիտրոն	[kitrón]
laranja (f)	նարինջ	[naríndʒ]
morango (m)	ելակ	[elák]
tangerina (f)	մանդարին	[mandarín]
ameixa (f)	սալոր	[salór]
pêssego (m)	դեղձ	[deġʣ]
damasco (m)	ծիրան	[ʦirán]
framboesa (f)	մորի	[morí]
abacaxi (m)	արքայախնձոր	[arkʰajaχnʣór]
banana (f)	բանան	[banán]
melancia (f)	ձմերուկ	[ʣmerúk]
uva (f)	խաղող	[χaġóġ]
ginja (f)	բալ	[bal]
cereja (f)	կեռաս	[kerás]
melão (m)	սեխ	[seχ]
toranja (f)	գրեյպֆրուտ	[grejpfrút]
abacate (m)	ավոկադո	[avokádo]
mamão (m)	պապայա	[papája]
manga (f)	մանգո	[mángo]

romã (f)	նուռ	[nur]
groselha (f) vermelha	կարմիր հաղարջ	[karmír haġárdʒ]
groselha (f) negra	սև հաղարջ	[sév haġárdʒ]
groselha (f) espinhosa	հաղարջ	[haġárdʒ]
mirtilo (m)	հապալաս	[hapalás]
amora (f) silvestre	մոշ	[moš]
passa (f)	չամիչ	[čamíč]
figo (m)	թուզ	[tʰuz]
tâmara (f)	արմավ	[armáv]
amendoim (m)	գետնընկույզ	[getnənkújz]
amêndoa (f)	նուշ	[nuš]
noz (f)	ընկույզ	[ənkújz]
avelã (f)	պնդուկ	[pnduk]
coco (m)	կոկոսի ընկույզ	[kokósi ənkújz]
pistaches (m pl)	պիստակ	[pisták]

39. Pão. Bolaria

pastelaria (f)	հրուշակեղեն	[hrušakeġén]
pão (m)	հաց	[hatsʰ]
biscoito (m), bolacha (f)	թխվածքաբլիթ	[tʰχvatskʰablítʰ]
chocolate (m)	շոկոլադ	[šokolád]
de chocolate	շոկոլադե	[šokoladé]
bala (f)	կոնֆետ	[konfét]
doce (bolo pequeno)	հրուշակ	[hrušák]
bolo (m) de aniversário	տորթ	[tortʰ]
torta (f)	կարկանդակ	[karkandák]
recheio (m)	լցոն	[ltsʰon]
geleia (m)	մուրաբա	[murabá]
marmelada (f)	մարմելադ	[marmelád]
wafers (m pl)	վաֆլի	[vaflí]
sorvete (m)	պաղպաղակ	[paġpaġák]

40. Pratos cozinhados

prato (m)	ճաշատեսակ	[čašatesák]
cozinha (~ portuguesa)	խոհանոց	[χohanótsʰ]
receita (f)	բաղադրատոմս	[baġadratóms]
porção (f)	բաժին	[baʒín]
salada (f)	աղցան	[aġtsʰán]
sopa (f)	ապուր	[apúr]
caldo (m)	մսաջուր	[msadʒúr]
sanduíche (m)	բրդուճ	[brduč]
ovos (m pl) fritos	ձվածեղ	[dzvatséġ]
hambúrguer (m)	համբուրգեր	[hamburgér]

bife (m)	բիֆշտեքս	[bifšték'ʰs]
acompanhamento (m)	գառնիր	[garnír]
espaguete (m)	սպագետի	[spagétti]
purê (m) de batata	կարտոֆիլի պյուրե	[kartofilí pjuré]
pizza (f)	պիցցա	[pítsʰa]
mingau (m)	շիլա	[šilá]
omelete (f)	ձվածեղ	[dzvatséġ]
fervido (adj)	եփած	[epʰáts]
defumado (adj)	ապխտած	[apχtáts]
frito (adj)	տապակած	[tapakáts]
seco (adj)	չորացրած	[čoratsʰráts]
congelado (adj)	սառեցված	[saretsʰváts]
em conserva (adj)	մարինացված	[marinatsʰváts]
doce (adj)	քաղցր	[kʰaġtsʰr]
salgado (adj)	աղի	[aġí]
frio (adj)	սառը	[sárə]
quente (adj)	տաք	[takʰ]
amargo (adj)	դառը	[dárə]
gostoso (adj)	համեղ	[haméġ]
cozinhar em água fervente	եփել	[epʰél]
preparar (vt)	պատրաստել	[patrastél]
fritar (vt)	տապակել	[tapakél]
aquecer (vt)	տաքացնել	[takʰatsʰnél]
salgar (vt)	աղ անել	[aġ anél]
apimentar (vt)	պղպեղ անել	[pġpéġ anél]
ralar (vt)	քերել	[kʰerél]
casca (f)	կլեպ	[klep]
descascar (vt)	կլպել	[klpel]

41. Especiarias

sal (m)	աղ	[aġ]
salgado (adj)	աղի	[aġí]
salgar (vt)	աղ անել	[aġ anél]
pimenta-do-reino (f)	սև պղպեղ	[sev pġpéġ]
pimenta (f) vermelha	կարմիր պղպեղ	[karmír pġpéġ]
mostarda (f)	մանանեխ	[mananéχ]
raiz-forte (f)	ծովաբողկ	[tsovabóġk]
condimento (m)	համեմունք	[hamemúnkʰ]
especiaria (f)	համեմունք	[hamemúnkʰ]
molho (~ inglês)	սոուս	[soús]
vinagre (m)	քացախ	[kʰatsʰáχ]
anis estrelado (m)	անիսոն	[anisón]
manjericão (m)	ռեհան	[rehán]
cravo (m)	մեխակ	[meχák]
gengibre (m)	իմբիր	[imbír]
coentro (m)	գինձ	[gindz]

canela (f)	դարչին	[darčín]
gergelim (m)	քնջութ	[kʰndʒutʰ]
folha (f) de louro	դափնու տերև	[dapʰnú terév]
páprica (f)	պապրիկա	[páprika]
cominho (m)	չաման	[čamán]
açafrão (m)	շաֆրան	[šafrán]

42. Refeições

comida (f)	կերակուր	[kerakúr]
comer (vt)	ուտել	[utél]
café (m) da manhã	նախաճաշ	[naχačáš]
tomar café da manhã	նախաճաշել	[naχačašél]
almoço (m)	ճաշ	[čaš]
almoçar (vi)	ճաշել	[čašél]
jantar (m)	ընթրիք	[əntʰríkʰ]
jantar (vi)	ընթրել	[əntʰrél]
apetite (m)	ախորժակ	[aχorʒák]
Bom apetite!	Բարի ախորժա'կ	[barí aχorʒák]
abrir (~ uma lata, etc.)	բացել	[batsʰél]
derramar (~ líquido)	թափել	[tʰapʰél]
derramar-se (vr)	թափվել	[tʰapʰvél]
ferver (vi)	եռալ	[erál]
ferver (vt)	եռացնել	[eratsʰnél]
fervido (adj)	եռացրած	[eratsʰráts]
esfriar (vt)	սառեցնել	[saretsʰnél]
esfriar-se (vr)	սառեցվել	[saretsʰvél]
sabor, gosto (m)	համ	[ham]
fim (m) de boca	կողմնակի համ	[koġmnakí ham]
emagrecer (vi)	նիհարել	[niharél]
dieta (f)	սննդակարգ	[snndakárg]
vitamina (f)	վիտամին	[vitamín]
caloria (f)	կալորիա	[kalória]
vegetariano (m)	բուսակեր	[busakér]
vegetariano (adj)	բուսակերական	[busakerakán]
gorduras (f pl)	ճարպեր	[čarpér]
proteínas (f pl)	սպիտակուցներ	[spitakutsʰnér]
carboidratos (m pl)	ածխաջրեր	[atsχadʒrér]
fatia (~ de limão, etc.)	պատառ	[patár]
pedaço (~ de bolo)	կտոր	[ktor]
migalha (f), farelo (m)	փշուր	[pʰšur]

43. Por a mesa

colher (f)	գդալ	[gdal]
faca (f)	դանակ	[danák]

garfo (m)	պատառաքաղ	[patarakʰáġ]
xícara (f)	բաժակ	[baʒák]
prato (m)	ափսե	[apʰsé]
pires (m)	պնակ	[pnak]
guardanapo (m)	անձեռոցիկ	[anʣeroʦʰík]
palito (m)	ատամնափորիչ	[atamnapʰoríč]

44. Restaurante

restaurante (m)	ռեստորան	[restorán]
cafeteria (f)	սրճարան	[srčarán]
bar (m), cervejaria (f)	բար	[bar]
salão (m) de chá	թեյարան	[tʰejarán]
garçom (m)	մատուցող	[matuʦʰóġ]
garçonete (f)	մատուցողուհի	[matuʦʰoġuhí]
barman (m)	բարմեն	[barmén]
cardápio (m)	մենյու	[menjú]
lista (f) de vinhos	գինիների գրացանկ	[gininerí graʦʰánk]
reservar uma mesa	սեղան պատվիրել	[seġán patvirél]
prato (m)	ուտեստ	[utést]
pedir (vt)	պատվիրել	[patvirél]
fazer o pedido	պատվեր կատարել	[patvér katarél]
aperitivo (m)	ապերիտիվ	[aperitív]
entrada (f)	խորտիկ	[χortík]
sobremesa (f)	աղանդեր	[aġandér]
conta (f)	հաշիվ	[hašív]
pagar a conta	հաշիվը փակել	[hašívə pʰakél]
dar o troco	մանրը վերադարձնել	[mánrə veradarʦnél]
gorjeta (f)	թեյափող	[tʰejapʰóġ]

Família, parentes e amigos

45. Informação pessoal. Formulários

nome (m)	անուն	[anún]
sobrenome (m)	ազգանուն	[azganún]
data (f) de nascimento	ծննդյան ամսաթիվ	[ʦnndján amsatʰív]
local (m) de nascimento	ծննդավայր	[ʦnndavájr]
nacionalidade (f)	ազգություն	[azgutʰjún]
lugar (m) de residência	բնակության վայրը	[bnakutʰján vájrə]
país (m)	երկիր	[erkír]
profissão (f)	մասնագիտություն	[masnagitʰjún]
sexo (m)	սեռ	[ser]
estatura (f)	հասակ	[hasák]
peso (m)	քաշ	[kʰaš]

46. Membros da família. Parentes

mãe (f)	մայր	[majr]
pai (m)	հայր	[hajr]
filho (m)	որդի	[vordí]
filha (f)	դուստր	[dustr]
caçula (f)	կրտսեր դուստր	[krtsér dústr]
caçula (m)	կրտսեր որդի	[krtsér vordí]
filha (f) mais velha	ավագ դուստր	[avág dústr]
filho (m) mais velho	ավագ որդի	[avág vordí]
irmão (m)	եղբայր	[eġbájr]
irmã (f)	քույր	[kʰujr]
mamãe (f)	մայրիկ	[majrík]
papai (m)	հայրիկ	[hajrík]
pais (pl)	ծնողներ	[ʦnoġnér]
criança (f)	երեխա	[ereχá]
crianças (f pl)	երեխաներ	[ereχanér]
avó (f)	տատիկ	[tatík]
avô (m)	պապիկ	[papík]
neto (m)	թոռ	[tʰor]
neta (f)	թոռնուհի	[tʰornuhí]
netos (pl)	թոռներ	[tʰornér]
sobrinho (m)	քրոջորդի, քրոջ աղջիկ	[kʰroʤordí], [kʰroʤ aġʤík]
sobrinha (f)	եղբորորդի, եղբոր աղջիկ	[eġbordí, eġbór aġʤík]
sogra (f)	զոքանչ	[zokʰánč]

sogro (m)	սկեսրայր	[skesrájr]
genro (m)	փեսա	[pʰesá]
madrasta (f)	խորթ մայր	[χortʰ majr]
padrasto (m)	խորթ հայր	[χortʰ hajr]
criança (f) de colo	ծծկեր երեխա	[tstskér ereχá]
bebê (m)	մանուկ	[manúk]
menino (m)	պստիկ	[pstik]
mulher (f)	կին	[kin]
marido (m)	ամուսին	[amusín]
esposo (m)	ամուսին	[amusín]
esposa (f)	կին	[kin]
casado (adj)	ամուսնացած	[amusnatsʰáts]
casada (adj)	ամուսնացած	[amusnatsʰáts]
solteiro (adj)	ամուրի	[amurí]
solteirão (m)	ամուրի	[amurí]
divorciado (adj)	ամուսնալուծված	[amusnalutsváts]
viúva (f)	այրի կին	[ajrí kin]
viúvo (m)	այրի տղամարդ	[ajrí tġamárd]
parente (m)	ազգական	[azgakán]
parente (m) próximo	մերձավոր ազգական	[merdzavór azgakán]
parente (m) distante	հեռավոր ազգական	[heravór azgakán]
parentes (m pl)	հարազատներ	[harazatnér]
órfão (m), órfã (f)	որբ	[vorb]
tutor (m)	խնամակալ	[χnamakál]
adotar (um filho)	որդեգրել	[vordegrél]
adotar (uma filha)	որդեգրել	[vordegrél]

Medicina

47. Doenças

doença (f)	հիվանդություն	[hivandutʰjún]
estar doente	հիվանդ լինել	[hivánd linél]
saúde (f)	առողջություն	[aroġʤutʰjún]
nariz (m) escorrendo	հարբուխ	[harbúχ]
amigdalite (f)	անգինա	[angína]
resfriado (m)	մրսածություն	[mrsaʦutʰjún]
ficar resfriado	մրսել	[mrsel]
bronquite (f)	բրոնխիտ	[bronχít]
pneumonia (f)	թոքերի բորբոքում	[tʰokʰerí borbokʰúm]
gripe (f)	գրիպ	[grip]
míope (adj)	կարճատես	[karčatés]
presbita (adj)	հեռատես	[herahós]
estrabismo (m)	շլություն	[šlutʰjún]
estrábico, vesgo (adj)	շլաչք	[šlačkʰ]
catarata (f)	կատարակտա	[katarákta]
glaucoma (m)	գլաուկոմա	[glaukóma]
AVC (m), apoplexia (f)	ուղեղի կաթված	[uġeġí katʰváʦ]
ataque (m) cardíaco	ինֆարկտ	[infárkt]
enfarte (m) do miocárdio	սրտամկանի կաթված	[srtamkaní katʰváʦ]
paralisia (f)	կաթված	[katʰváʦ]
paralisar (vt)	կաթվածել	[katʰvaʦél]
alergia (f)	ալերգիա	[alergía]
asma (f)	ասթմա	[astʰmá]
diabetes (f)	շաքարախտ	[šakʰaráχt]
dor (f) de dente	ատամնացավ	[atamnaʦʰáv]
cárie (f)	կարիես	[karíes]
diarreia (f)	լույծ	[lujʦ]
prisão (f) de ventre	փորկապություն	[pʰorkaputʰjún]
desarranjo (m) intestinal	ստամոքսի խանգարում	[stamokʰsí χangarúm]
intoxicação (f) alimentar	թունավորում	[tʰunavorúm]
intoxicar-se	թունավորվել	[tʰunavorvél]
artrite (f)	հոդի բորբոքում	[hodí borbokʰúm]
raquitismo (m)	ռախիտ	[raχít]
reumatismo (m)	հոդացավ	[hodaʦʰáv]
arteriosclerose (f)	աթերոսկլերոզ	[atʰeroskleróz]
gastrite (f)	գաստրիտ	[gastrít]
apendicite (f)	ապենդիցիտ	[apendiʦʰít]

colecistite (f)	խոլեցիստիտ	[χoletsʰistít]
úlcera (f)	խոց	[χotsʰ]
sarampo (m)	կարմրուկ	[karmrúk]
rubéola (f)	կարմրախտ	[karmráχt]
icterícia (f)	դեղնախ	[deġnáχ]
hepatite (f)	հեպատիտ	[hepatít]
esquizofrenia (f)	շիզոֆրենիա	[šizofrenía]
raiva (f)	կատաղություն	[kataġutʰjún]
neurose (f)	նևրոզ	[nevróz]
contusão (f) cerebral	ուղեղի ցնցում	[uġeġí tsʰntsʰúm]
câncer (m)	քաղծկեղ	[kʰaġtskéġ]
esclerose (f)	կարծրախտ	[kartsráχt]
esclerose (f) múltipla	ցրված կարծրախտ	[tsʰrváts kartsráχt]
alcoolismo (m)	հարբեցողություն	[harbetsʰoġutʰjún]
alcoólico (m)	հարբեցող	[harbetsʰóġ]
sífilis (f)	սիֆիլիս	[sifilís]
AIDS (f)	ՁԻԱՀ	[dziáh]
tumor (m)	ուռուցք	[urútsʰkʰ]
maligno (adj)	չարորակ	[čarorák]
benigno (adj)	բարորակ	[barorák]
febre (f)	տենդ	[tend]
malária (f)	մալարիա	[malaría]
gangrena (f)	փտախտ	[pʰtaχt]
enjoo (m)	ծովային հիվանդություն	[tsovajín hivandutʰjún]
epilepsia (f)	ընկնավորություն	[ənknavorutʰjún]
epidemia (f)	համաճարակ	[hamačarák]
tifo (m)	տիֆ	[tif]
tuberculose (f)	պալարախտ	[paláráχt]
cólera (f)	խոլերա	[χoléra]
peste (f) bubônica	ժանտախտ	[ʒantáχt]

48. Sintomas. Tratamentos. Parte 1

sintoma (m)	նախանշան	[naχanšán]
temperatura (f)	ջերմաստիճան	[dʒermastičán]
febre (f)	բարձր ջերմաստիճան	[bárdzr dʒermastičán]
pulso (m)	զարկերակ	[zarkerák]
vertigem (f)	գլխապտույտ	[glχaptújt]
quente (testa, etc.)	տաք	[takʰ]
calafrio (m)	դողէրոցք	[doġērótsʰkʰ]
pálido (adj)	գունատ	[gunát]
tosse (f)	հազ	[haz]
tossir (vi)	հազալ	[hazál]
espirrar (vi)	փռշտալ	[pʰrštal]
desmaio (m)	ուշագնացություն	[ušagnatsʰutʰjún]

desmaiar (vi)	ուշագնաց լինել	[ušagnáʦʰ linél]
mancha (f) preta	կապտուկ	[kaptúk]
galo (m)	ուռուցք	[urúʦʰkʰ]
machucar-se (vr)	խփվել	[χpʰvel]
contusão (f)	վնասվածք	[vnasváʦkʰ]
machucar-se (vr)	վնասվածք ստանալ	[vnasváʦkʰ stanál]
mancar (vi)	կաղալ	[kaġál]
deslocamento (f)	հոդախախտում	[hodaχaχtúm]
deslocar (vt)	հոդախախտել	[hodaχaχtél]
fratura (f)	կոտրվածք	[kotrváʦkʰ]
fraturar (vt)	կոտրվածք ստանալ	[kotrváʦkʰ stanál]
corte (m)	կտրված վերք	[ktrvaʦ verkʰ]
cortar-se (vr)	կտրել	[ktrel]
hemorragia (f)	արյունահոսություն	[arjunahosutʰjún]
queimadura (f)	այրվածք	[ajrváʦkʰ]
queimar-se (vr)	այրվել	[ajrvél]
picar (vt)	ծակել	[ʦakél]
picar-se (vr)	ծակել	[ʦakél]
lesionar (vt)	վնասել	[vnasél]
lesão (m)	վնասվածք	[vnasváʦkʰ]
ferida (f), ferimento (m)	վերք	[verkʰ]
trauma (m)	վնասվածք	[vnasváʦkʰ]
delirar (vi)	զառանցել	[zaranʦʰél]
gaguejar (vi)	կակազել	[kakazél]
insolação (f)	արևահարություն	[arevaharutʰjún]

49. Sintomas. Tratamentos. Parte 2

dor (f)	ցավ	[ʦʰav]
farpa (no dedo, etc.)	փուշ	[pʰuš]
suor (m)	քրտինք	[krtinkʰ]
suar (vi)	քրտնել	[kʰrtnel]
vômito (m)	փսխում	[pʰsχum]
convulsões (f pl)	ջղաձգություն	[ʤġaʣgutʰjún]
grávida (adj)	հղի	[hġi]
nascer (vi)	ծնվել	[ʦnvel]
parto (m)	ծննդաբերություն	[ʦnndaberutʰjún]
dar à luz	ծննդաբերել	[ʦnndaberél]
aborto (m)	աբորտ	[abórt]
respiração (f)	շնչառություն	[šnčarutʰjún]
inspiração (f)	ներշնչում	[neršnčúm]
expiração (f)	արտաշնչում	[artašnčúm]
expirar (vi)	արտաշնչել	[artašnčél]
inspirar (vi)	շնչել	[šnčel]
inválido (m)	հաշմանդամ	[hašmandám]
aleijado (m)	խեղանդամ	[χeġandám]

drogado (m)	թմրամոլ	[tʰmramól]
surdo (adj)	խուլ	[χul]
mudo (adj)	համր	[hamr]
surdo-mudo (adj)	խուլ ու համր	[χúl u hámr]
louco, insano (adj)	խենթ	[χentʰ]
ficar louco	խենթանալ	[χentʰanál]
gene (m)	գեն	[gen]
imunidade (f)	իմունիտետ	[imunitét]
hereditário (adj)	ժառանգական	[ʒarangakán]
congênito (adj)	բնածին	[bnaʦín]
vírus (m)	վարակ	[varák]
micróbio (m)	մանրէ	[manré]
bactéria (f)	բակտերիա	[baktéria]
infecção (f)	վարակ	[varák]

50. Sintomas. Tratamentos. Parte 3

hospital (m)	հիվանդանոց	[hivandanóʦʰ]
paciente (m)	հիվանդ	[hivánd]
diagnóstico (m)	ախտորոշում	[aġtorošúm]
cura (f)	կազդուրում	[kazdurúm]
tratamento (m) médico	բուժում	[buʒúm]
curar-se (vr)	բուժվել	[buʒvél]
tratar (vt)	բուժել	[buʒél]
cuidar (pessoa)	խնամել	[χnamél]
cuidado (m)	խնամք	[χnamkʰ]
operação (f)	վիրահատություն	[virahatutʰjún]
enfaixar (vt)	վիրակապել	[virakapél]
enfaixamento (m)	վիրակապում	[virakapúm]
vacinação (f)	պատվաստում	[patvastúm]
vacinar (vt)	պատվաստում անել	[patvastúm anél]
injeção (f)	ներարկում	[nerarkúm]
dar uma injeção	ներարկել	[nerarkél]
ataque (~ de asma, etc.)	նոպա	[nópa]
amputação (f)	անդամահատություն	[andamahatutʰjún]
amputar (vt)	անդամահատել	[andamahatél]
coma (f)	կոմա	[kóma]
estar em coma	կոմայի մեջ գտնվել	[komají méʤ əknél]
reanimação (f)	վերակենդանացում	[verakendanaʦʰúm]
recuperar-se (vr)	ապաքինվել	[apakʰinvél]
estado (~ de saúde)	վիճակ	[vičák]
consciência (perder a ~)	գիտակցություն	[gitakʦʰutʰjún]
memória (f)	հիշողություն	[hišoġutʰjún]
tirar (vt)	հեռացնել	[heraʦʰnél]
obturação (f)	պլոմբ	[plomb]

obturar (vt)	ատամը լցնել	[atámə lts'nél]
hipnose (f)	հիպնոս	[hipnós]
hipnotizar (vt)	հիպնոսացնել	[hipnosats'nél]

51. Médicos

médico (m)	բժիշկ	[bʒišk]
enfermeira (f)	բուժքույր	[buʒk'újr]
médico (m) pessoal	անձնական բժիշկ	[andznakán bʒíšk]
dentista (m)	ատամնաբույժ	[atamnabújʒ]
oculista (m)	ակնաբույժ	[aknabújʒ]
terapeuta (m)	թերապևտ	[t'erapévt]
cirurgião (m)	վիրաբույժ	[virabújʒ]
psiquiatra (m)	հոգեբույժ	[hogebújʒ]
pediatra (m)	մանկաբույժ	[mankabújʒ]
psicólogo (m)	հոգեբան	[hok'ebán]
ginecologista (m)	գինեկոլոգ	[ginekólog]
cardiologista (m)	սրտաբան	[srtabán]

52. Medicina. Drogas. Acessórios

medicamento (m)	դեղ	[deġ]
remédio (m)	դեղամիջոց	[deġamidʒóts']
receitar (vt)	դուրս գրել	[durs grél]
receita (f)	դեղատոմս	[deġatóms]
comprimido (m)	հաբ	[hab]
unguento (m)	քսուք	[ksuk']
ampola (f)	ամպուլ	[ampúl]
solução, preparado (m)	հեղուկ դեղախառնուրդ	[heġúk deχaġarnúrd]
xarope (m)	օշարակ	[ošarák]
cápsula (f)	հաբ	[hab]
pó (m)	փոշի	[p'oší]
atadura (f)	վիրակապ ժապավեն	[virakáp ʒapavén]
algodão (m)	բամբակ	[bambák]
iodo (m)	յոդ	[jod]
curativo (m) adesivo	սպեղանի	[speġaní]
conta-gotas (m)	պիպետկա	[pipétka]
termômetro (m)	ջերմաչափ	[dʒermačáp']
seringa (f)	ներարկիչ	[nerarkíč]
cadeira (f) de rodas	սայլակ	[sajlák]
muletas (f pl)	հենակներ	[henaknér]
analgésico (m)	ցավազրկող	[ts'avazrkóġ]
laxante (m)	լուծողական	[lutsoġakán]
álcool (m)	սպիրտ	[spirt]
ervas (f pl) medicinais	խոտաբույս	[χotabújs]
de ervas (chá ~)	խոտաբուսային	[χotabusajín]

HABITAT HUMANO

Cidade

53. Cidade. Vida na cidade

cidade (f)	քաղաք	[kaġák^h]
capital (f)	մայրաքաղաք	[majrakaġák^h]
aldeia (f)	գյուղ	[gjuġ]
mapa (m) da cidade	քաղաքի հատակագիծ	[k^{h}aġak^{h}í hatakagíʦ]
centro (m) da cidade	քաղաքի կենտրոն	[k^{h}aġak^{h}í kentrón]
subúrbio (m)	արվարձան	[arvarʣán]
suburbano (adj)	մերձքաղաքային	[merʣk^{h}aġak^{h}ajín]
periferia (f)	ծայրամաս	[ʦajramás]
arredores (m pl)	շրջակայք	[šrʤakájk^h]
quarteirão (m)	թաղամաս	[t^{h}aġamás]
quarteirão (m) residencial	բնակելի թաղամաս	[bnakelí t^{h}aġamás]
tráfego (m)	երթևեկություն	[ert^{h}evekut^{h}jún]
semáforo (m)	լուսակիր	[lusakír]
transporte (m) público	քաղաքային տրանսպորտ	[k^{h}aġak^{h}ajín transpórt]
cruzamento (m)	խաչմերուկ	[χačmerúk]
faixa (f)	անցում	[anʦ^{h}úm]
túnel (m) subterrâneo	գետնանցում	[getnanʦ^{h}úm]
cruzar, atravessar (vt)	անցնել	[anʦ^{h}nél]
pedestre (m)	հետիոտն	[hetiótn]
calçada (f)	մայթ	[majt^h]
ponte (f)	կամուրջ	[kamúrʤ]
margem (f) do rio	առափնյա փողոց	[arap^{h}njá p^{h}oġóʦ^h]
fonte (f)	շատրվան	[šatrván]
alameda (f)	ծառուղի	[ʦaruġí]
parque (m)	զբոսայգի	[zbosajgí]
bulevar (m)	բուլվար	[bulvár]
praça (f)	հրապարակ	[hraparák]
avenida (f)	պողոտա	[poġóta]
rua (f)	փողոց	[p^{h}oġóʦ^h]
travessa (f)	նրբանցք	[nrbanʦ^{h}k^h]
beco (m) sem saída	փակուղի	[p^{h}akuġí]
casa (f)	տուն	[tun]
edifício, prédio (m)	շենք	[šenk^h]
arranha-céu (m)	երկնաքեր	[erknak^{h}ér]
fachada (f)	ճակատամաս	[čakatamás]
telhado (m)	տանիք	[taník^h]

janela (f)	պատուհան	[patuhán]
arco (m)	կամար	[kamár]
coluna (f)	սյուն	[sjun]
esquina (f)	անկյուն	[ankjún]
vitrine (f)	ցուցափեղկ	[ʦʰuʦʰapʰéġk]
letreiro (m)	ցուցանակ	[ʦʰuʦʰanák]
cartaz (do filme, etc.)	ազդագիր	[azdagír]
cartaz (m) publicitário	գովազդային ձգապաստառ	[govazdajín ʣgapastár]
painel (m) publicitário	գովազդային վահանակ	[govazdajín vahanák]
lixo (m)	աղբ	[aġb]
lata (f) de lixo	աղբաման	[aġbamán]
jogar lixo na rua	աղբոտել	[aġbotél]
aterro (m) sanitário	աղբավայր	[aġbavájr]
orelhão (m)	հեռախոսախցիկ	[heraχosaχʦʰík]
poste (m) de luz	լապտերասյուն	[lapterasjún]
banco (m)	նստարան	[nstarán]
polícia (m)	ոստիկան	[vostikán]
polícia (instituição)	ոստիկանություն	[vostikanutʰjún]
mendigo, pedinte (m)	մուրացկան	[muraʦʰkán]
desabrigado (m)	անօթևան մարդ	[anotʰeván márd]

54. Instituições urbanas

loja (f)	խանութ	[χanútʰ]
drogaria (f)	դեղատուն	[deġatún]
ótica (f)	օպտիկա	[óptika]
centro (m) comercial	առևտրի կենտրոն	[arevtrí kentrón]
supermercado (m)	սուպերմարքեթ	[supermarkʰétʰ]
padaria (f)	հացաբուլկեղենի խանութ	[haʦʰabulkeġení χanútʰ]
padeiro (m)	հացթուխ	[haʦʰtʰúχ]
pastelaria (f)	հրուշակեղենի խանութ	[hrušakeġení χanútʰ]
mercearia (f)	նպարեղենի խանութ	[npareġení χanútʰ]
açougue (m)	մսի խանութ	[msi χanútʰ]
fruteira (f)	բանջարեղենի կրպակ	[banʤareġení krpák]
mercado (m)	շուկա	[šuká]
cafeteria (f)	սրճարան	[srčarán]
restaurante (m)	ռեստորան	[restorán]
bar (m)	գարեջրատուն	[gareʤratún]
pizzaria (f)	պիցցերիա	[piʦʰería]
salão (m) de cabeleireiro	վարսավիրանոց	[varsaviranóʦʰ]
agência (f) dos correios	փոստ	[pʰost]
lavanderia (f)	քիմմաքրման կետ	[kʰimmakʰrmán két]
estúdio (m) fotográfico	ֆոտոսրահ	[fotosráh]
sapataria (f)	կոշիկի սրահ	[košikí sráh]
livraria (f)	գրախանութ	[graχanútʰ]

loja (f) de artigos esportivos	սպորտային խանութ	[sportajín χanútʰ]
costureira (m)	հագուստի վերանորոգում	[hagustí veranorogúm]
aluguel (m) de roupa	հագուստի վարձույթ	[hagustí vardzújtʰ]
videolocadora (f)	տեսաֆիլմերի վարձույթ	[tesafilmerí vardzújtʰ]
circo (m)	կրկես	[krkes]
jardim (m) zoológico	կենդանաբանական այգի	[kendanabanakán ajgí]
cinema (m)	կինոթատրոն	[kinotʰatrón]
museu (m)	թանգարան	[tʰangarán]
biblioteca (f)	գրադարան	[gradarán]
teatro (m)	թատրոն	[tʰatrón]
ópera (f)	օպերա	[operá]
boate (casa noturna)	գիշերային ակումբ	[gišerajín akúmb]
cassino (m)	խաղատուն	[χaġatún]
mesquita (f)	մզկիթ	[mzkitʰ]
sinagoga (f)	սինագոգ	[sinagóg]
catedral (f)	տաճար	[tačár]
templo (m)	տաճար	[tačár]
igreja (f)	եկեղեցի	[ekeġetsʰí]
faculdade (f)	ինստիտուտ	[institút]
universidade (f)	համալսարան	[hamalsarán]
escola (f)	դպրոց	[dprotsʰ]
prefeitura (f)	ոստիկանապետություն	[vostikanapetutʰjún]
câmara (f) municipal	քաղաքապետարան	[kʰaġakapetarán]
hotel (m)	հյուրանոց	[hjuranótsʰ]
banco (m)	բանկ	[bank]
embaixada (f)	դեսպանատուն	[despanatún]
agência (f) de viagens	տուրիստական գործակալություն	[turistakán gortsakalutʰjún]
agência (f) de informações	տեղեկատվական բյուրո	[teġekatvakán bjuró]
casa (f) de câmbio	փոխանակման կետ	[pʰoχanakmán két]
metrô (m)	մետրո	[metró]
hospital (m)	հիվանդանոց	[hivandanótsʰ]
posto (m) de gasolina	բենզալցակայան	[benzaltsʰakaján]
parque (m) de estacionamento	ավտոկայան	[avtokaján]

55. Sinais

letreiro (m)	ցուցանակ	[tsʰutsʰanák]
aviso (m)	ցուցագիր	[tsʰutsʰagír]
cartaz, pôster (m)	ձգապաստառ	[dzgapastár]
placa (f) de direção	ուղեցույց	[uġetsʰújtsʰ]
seta (f)	սլաք	[slakʰ]
aviso (advertência)	նախազգուշացում	[naχazgušatsʰúm]
sinal (m) de aviso	զգուշացում	[zgušatsʰúm]
avisar, advertir (vt)	զգուշացնել	[zgušatsʰnél]

dia (m) de folga	հանգստյան օր	[hangstján ór]
horário (~ dos trens, etc.)	ժամանակացույց	[ʒamanakaʦ^{h}újʦ^h]
horário (m)	աշխատանքային ժամեր	[ašχatank^{h}ajín ʒamér]

BEM-VINDOS!	ԲԱՐԻ ԳԱԼՈ՛ՒՍՏ	[barí galúst!]
ENTRADA	ՄՈՒՏՔ	[mutk^h]
SAÍDA	ԵԼՔ	[elk^h]

EMPURRE	ԴԵՊԻ ԴՈՒՐՍ	[depí durs]
PUXE	ԴԵՊԻ ՆԵՐՍ	[dépi ners]
ABERTO	ԲԱՑ Է	[baʦ^h ē]
FECHADO	ՓԱԿ Է	[p^{h}ak ē]

MULHER	ԿԱՆԱՆՑ ՀԱՄԱՐ	[kanánʦ^h hamár]
HOMEM	ՏՂԱՄԱՐԴԿԱՆՑ ՀԱՄԱՐ	[tġamardkánʦ^h hamár]

DESCONTOS	ԶԵՂՉԵՐ	[zeġčér]
SALDOS, PROMOÇÃO	Ի ՍՊԱՌ ՎԱՃԱՌՔ	[i spar vačárk^h]
NOVIDADE!	ՆՈՐՈ՛ՒՅԹ	[norújt^h!]
GRÁTIS	ԱՆՎՃԱՐ	[anvčár]

ATENÇÃO!	ՈՒՇԱԴՐՈՒԹՅՈ՛ՒՆ	[ušadrut^{h}jún!]
NÃO HÁ VAGAS	ՏԵՂԵՐ ՉԿԱՆ	[teġér čkan]
RESERVADO	ՊԱՏՎԻՐՎԱԾ Է	[patvirváʦ ē]

ADMINISTRAÇÃO	ԱԴՄԻՆԻՍՏՐԱՑԻԱ	[administráʦ^{h}ia]
SOMENTE PESSOAL AUTORIZADO	ՄԻԱՅՆ ԱՇԽԱՏԱԿԻՑՆԵՐԻ ՀԱՄԱՐ	[miájn ašχatakiʦ^{h}nerí hamár]

CUIDADO CÃO FEROZ	ԿԱՏԱՂԻ ՇՈՒՆ	[kataġí šun]
PROIBIDO FUMAR!	ՉԾԽԵԼ	[čʦχél!]
NÃO TOCAR	ՁԵՌՔ ՉՏԱ՛Լ	[ʣerk^h čtal]

PERIGOSO	ՎՏԱՆԳԱՎՈՐ Է	[vtangavór ē]
PERIGO	ՎՏԱՆԳԱՎՈՐ Է	[vtangavór ē]
ALTA TENSÃO	ԲԱՐՁՐ ԼԱՐՈՒՄ	[bárʣr larúm]
PROIBIDO NADAR	ԼՈՂԱԼՆ ԱՐԳԵԼՎՈՒՄ Է	[loġáln argelvúm ē]
COM DEFEITO	ՉԻ ԱՇԽԱՏՈՒՄ	[či ašχatúm]

INFLAMÁVEL	ՀՐԱՎՏԱՆԳԱՎՈՐ Է	[hravtangavór ē]
PROIBIDO	ԱՐԳԵԼՎԱԾ Է	[argelváʦ ē]
ENTRADA PROIBIDA	ԱՆՑՆԵԼՆ ԱՐԳԵԼՎԱԾ Է	[anʦ^{h}néln argelváʦ ē]
CUIDADO TINTA FRESCA	ՆԵՐԿՎԱԾ Է	[nerkváʦ ē]

56. Transportes urbanos

ônibus (m)	ավտոբուս	[avtobús]
bonde (m) elétrico	տրամվայ	[tramváj]
trólebus (m)	տրոլեյբուս	[trolejbús]
rota (f), itinerário (m)	ուղի	[uġí]
número (m)	համար	[hamár]

ir de … (carro, etc.)	… ով գնալ	[… ov gnal]
entrar no …	նստել	[nstel]

descer do ...	իջնել	[idʒnél]
parada (f)	կանգառ	[kangár]
próxima parada (f)	հաջորդ կանգառ	[hadʒórd kangár]
terminal (m)	վերջին կանգառ	[verdʒín kangár]
horário (m)	ժամանակացույց	[ʒamanakatsʰújtsʰ]
esperar (vt)	սպասել	[spasél]
passagem (f)	տոմս	[toms]
tarifa (f)	տոմսի արժեքը	[tomsí arʒékʰə]
bilheteiro (m)	տոմսավաճառ	[tomsavačár]
controle (m) de passagens	ստուգում	[stugúm]
revisor (m)	հսկիչ	[hskič]
atrasar-se (vr)	ուշանալ	[ušanál]
perder (o autocarro, etc.)	ուշանալ ... ից	[ušanál ... ítsʰ]
estar com pressa	շտապել	[štapél]
táxi (m)	տաքսի	[taksí]
taxista (m)	տաքսու վարորդ	[taksú varórd]
de táxi (ir ~)	տաքսիով	[taksióv]
ponto (m) de táxis	տաքսիների կայան	[taksinerí kaján]
chamar um táxi	տաքսի կանչել	[taksí kančél]
pegar um táxi	տաքսի վերցնել	[taksí vertsʰnél]
tráfego (m)	ճանապարհային երթևեկություն	[čanaparhajín ertʰevekutʰjún]
engarrafamento (m)	խցանում	[χtsʰanúm]
horas (f pl) de pico	պիկ ժամ	[pík ʒám]
estacionar (vi)	կանգնեցնել	[kangnetsʰnél]
estacionar (vt)	կանգնեցնել	[kangnetsʰnél]
parque (m) de estacionamento	ավտոկայան	[avtokaján]
metrô (m)	մետրո	[metró]
estação (f)	կայարան	[kajarán]
ir de metrô	մետրոյով գնալ	[metrojóv gnal]
trem (m)	գնացք	[gnatsʰkʰ]
estação (f) de trem	կայարան	[kajarán]

57. Turismo

monumento (m)	արձան	[ardzán]
fortaleza (f)	ամրոց	[amrótsʰ]
palácio (m)	պալատ	[palát]
castelo (m)	դղյակ	[dģjak]
torre (f)	աշտարակ	[aštarák]
mausoléu (m)	դամբարան	[dambarán]
arquitetura (f)	ճարտարապետություն	[čartarapetutʰjún]
medieval (adj)	միջնադարյան	[midʒnadarján]
antigo (adj)	հինավուրց	[hinavúrtsʰ]
nacional (adj)	ազգային	[azgajín]
famoso, conhecido (adj)	հայտնի	[hajtní]
turista (m)	զբոսաշրջիկ	[zbosašrdʒík]

guia (pessoa)	գիդ	[gid]
excursão (f)	էքսկուրսիա	[ēkʰskúrsia]
mostrar (vt)	ցույց տալ	[tsʰújtsʰ tal]
contar (vt)	պատմել	[patmél]
encontrar (vt)	գտնել	[gtnel]
perder-se (vr)	կորել	[korél]
mapa (~ do metrô)	սխեմա	[sχéma]
mapa (~ da cidade)	քարտեզ	[kʰartéz]
lembrança (f), presente (m)	հուշանվեր	[hušanvér]
loja (f) de presentes	հուշանվերների խանութ	[hušanvernerí χanútʰ]
tirar fotos, fotografar	լուսանկարել	[lusankarél]
fotografar-se (vr)	լուսանկարվել	[lusankarvél]

58. Compras

comprar (vt)	գնել	[gnel]
compra (f)	գնում	[gnum]
fazer compras	գնումներ կատարել	[gnumnér katarél]
compras (f pl)	գնումներ	[gnumnér]
estar aberta (loja)	աշխատել	[ašχatél]
estar fechada	փակվել	[pʰakvél]
calçado (m)	կոշիկ	[košík]
roupa (f)	հագուստ	[hagúst]
cosméticos (m pl)	կոսմետիկա	[kosmétika]
alimentos (m pl)	մթերքներ	[mtʰerkʰnér]
presente (m)	նվեր	[nver]
vendedor (m)	վաճառող	[vačaróġ]
vendedora (f)	վաճառողուհի	[vačaroġuhí]
caixa (f)	դրամարկղ	[dramárkġ]
espelho (m)	հայելի	[hajelí]
balcão (m)	վաճառասեղան	[vačaraseġán]
provador (m)	հանդերձարան	[handerʣarán]
provar (vt)	փորձել	[pʰorʣél]
servir (roupa, caber)	սազել	[sazél]
gostar (apreciar)	դուր գալ	[dur gal]
preço (m)	գին	[gin]
etiqueta (f) de preço	գնապիտակ	[gnapiták]
custar (vt)	արժենալ	[arʒenál]
Quanto?	Որքա՞ն արժե	[vorkʰán arʒé?]
desconto (m)	զեղչ	[zeġč]
não caro (adj)	ոչ թանկ	[voč tʰank]
barato (adj)	էժան	[ēʒán]
caro (adj)	թանկ	[tʰank]
É caro	Սա թանկ է	[sa tʰánk ē]
aluguel (m)	վարձույթ	[varʣújtʰ]

alugar (roupas, etc.)	վարձել	[vardzél]
crédito (m)	վարկ	[vark]
a crédito	վարկով	[varkóv]

59. Dinheiro

dinheiro (m)	դրամ	[dram]
câmbio (m)	փոխանակում	[pʰoχanakúm]
taxa (f) de câmbio	փոխարժեք	[pʰoχarʒékʰ]
caixa (m) eletrônico	բանկոմատ	[bankomát]
moeda (f)	մետաղադրամ	[metaġadrám]
dólar (m)	դոլլար	[dollár]
euro (m)	եվրո	[évro]
lira (f)	լիրա	[líra]
marco (m)	մարկ	[mark]
franco (m)	ֆրանկ	[frank]
libra (f) esterlina	ֆունտ ստերլինգ	[fúnt stérling]
iene (m)	յեն	[jen]
dívida (f)	պարտք	[partkʰ]
devedor (m)	պարտապան	[partapán]
emprestar (vt)	պարտքով տալ	[partkʰóv tal]
pedir emprestado	պարտքով վերցնել	[partkʰóv vertsʰnél]
banco (m)	բանկ	[bank]
conta (f)	հաշիվ	[hašív]
depositar na conta	հաշվի վրա գցել	[hašví vra gtsʰel]
sacar (vt)	հաշվից հանել	[hašvítsʰ hanél]
cartão (m) de crédito	վարկային քարտ	[varkʰajín kʰárt]
dinheiro (m) vivo	կանխիկ դրամ	[kanχík dram]
cheque (m)	չեք	[čekʰ]
passar um cheque	չեք դուրս գրել	[čekʰ durs grel]
talão (m) de cheques	չեքային գրքույկ	[čekʰajín grkʰújk]
carteira (f)	թղթապանակ	[tʰġtʰapanák]
niqueleira (f)	դրամապանակ	[dramapanák]
cofre (m)	չհրկիզվող պահարան	[čhrkizvóġ paharán]
herdeiro (m)	ժառանգ	[ʒaráng]
herança (f)	ժառանգություն	[ʒarangutʰjún]
fortuna (riqueza)	ունեցվածք	[unetsʰvátskʰ]
arrendamento (m)	վարձ	[vardz]
aluguel (pagar o ~)	բնակվարձ	[bnakvárdz]
alugar (vt)	վարձել	[vardzél]
preço (m)	գին	[gin]
custo (m)	արժեք	[arʒékʰ]
soma (f)	գումար	[gumár]
gastar (vt)	ծախսել	[tsaχsél]
gastos (m pl)	ծախսեր	[tsaχsér]

economizar (vi)	տնտեսել	[tntesél]
econômico (adj)	տնտեսող	[tntesóġ]
pagar (vt)	վճարել	[včarél]
pagamento (m)	վճար	[včár]
troco (m)	մանր	[manr]
imposto (m)	հարկ	[hark]
multa (f)	տուգանք	[tugánkʰ]
multar (vt)	տուգանել	[tuganél]

60. Correios. Serviço postal

agência (f) dos correios	փոստ	[pʰost]
correio (m)	փոստ	[pʰost]
carteiro (m)	փոստատար	[pʰostatár]
horário (m)	աշխատանքային ժամեր	[ašχatankʰajín ʒamér]
carta (f)	նամակ	[namák]
carta (f) registada	պատվիրված նամակ	[patvirváʦ namák]
cartão (m) postal	բացիկ	[baʦʰík]
telegrama (m)	հեռագիր	[heragír]
encomenda (f)	ծանրոց	[ʦanróʦʰ]
transferência (f) de dinheiro	դրամային փոխանցում	[dramajín pʰoχanʦʰúm]
receber (vt)	ստանալ	[stanál]
enviar (vt)	ուղարկել	[uġarkél]
envio (m)	ուղարկում	[uġarkúm]
endereço (m)	հասցե	[hasʦʰé]
código (m) postal	ինդեքս	[indéks]
remetente (m)	ուղարկող	[uġarkóġ]
destinatário (m)	ստացող	[staʦʰóġ]
nome (m)	անուն	[anún]
sobrenome (m)	ազգանուն	[azganún]
tarifa (f)	սակագին	[sakagín]
ordinário (adj)	սովորական	[sovorakán]
econômico (adj)	տնտեսող	[tntesóġ]
peso (m)	քաշ	[kʰaš]
pesar (estabelecer o peso)	կշռել	[kšrel]
envelope (m)	ծրար	[ʦrar]
selo (m) postal	նամականիշ	[namakaníš]

Moradia. Casa. Lar

61. Casa. Eletricidade

eletricidade (f)	էլեկտրականություն	[ēlektrakanutʰjún]
lâmpada (f)	լամպ	[lamp]
interruptor (m)	անջատիչ	[andʒatíč]
fusível, disjuntor (m)	էլեկտրախցան	[ēlektraχʦʰán]
fio, cabo (m)	լար	[lar]
instalação (f) elétrica	էլեկտրացանց	[ēlektraʦʰánʦʰ]
medidor (m) de eletricidade	հաշվիչ	[hašvíč]
indicação (f), registro (m)	ցուցմունք	[ʦʰuʦʰmúnkʰ]

62. Moradia. Mansão

casa (f) de campo	քաղաքից դուրս տուն	[kʰaġakíʦʰ durs tun]
vila (f)	վիլլա	[vílla]
ala (~ do edifício)	թև	[tʰev]
jardim (m)	այգի	[ajgí]
parque (m)	զբոսայգի	[zbosajgí]
estufa (f)	ջերմոց	[ʤermóʦʰ]
cuidar de ...	խնամել	[χnamél]
piscina (f)	լողավազան	[loġavazán]
academia (f) de ginástica	սպորտային դահլիճ	[sportajín dahlíč]
quadra (f) de tênis	թենիսի հարթակ	[tʰenisí harták]
cinema (m)	կինոթատրոն	[kinotʰatrón]
garagem (f)	ավտոտնակ	[avtotnák]
propriedade (f) privada	մասնավոր սեփականություն	[masnavór sepʰakanutʰjún]
terreno (m) privado	մասնավոր կալված	[masnavór kalváʦ]
advertência (f)	զգուշացում	[zgušaʦʰúm]
sinal (m) de aviso	զգուշացնող գրություն	[zgušaʦʰnóġ grutʰjún]
guarda (f)	պահակություն	[pahakutʰjún]
guarda (m)	պահակ	[pahák]
alarme (m)	ազդանշանային համակարգ	[azdanšanajín hamakárg]

63. Apartamento

apartamento (m)	բնակարան	[bnakarán]
quarto, cômodo (m)	սենյակ	[senják]

quarto (m) de dormir	ննջարան	[nndʒarán]
sala (f) de jantar	ճաշասենյակ	[čašasenják]
sala (f) de estar	հյուրասենյակ	[hjurasenják]
escritório (m)	աշխատասենյակ	[ašχatasenják]
sala (f) de entrada	նախասենյակ	[naχasenják]
banheiro (m)	լոգարան	[logarán]
lavabo (m)	զուգարան	[zugarán]
teto (m)	առաստաղ	[arastáġ]
chão, piso (m)	հատակ	[haták]
canto (m)	անկյուն	[ankjún]

64. Mobiliário. Interior

mobiliário (m)	կահույք	[kahújk^{h}]
mesa (f)	սեղան	[seġán]
cadeira (f)	աթոռ	[at^{h}ór]
cama (f)	մահճակալ	[mahčakál]
sofá, divã (m)	բազմոց	[bazmóʦ^{h}]
poltrona (f)	բազկաթոռ	[bazkat^{h}ór]
estante (f)	գրապահարան	[grapaharán]
prateleira (f)	դարակ	[darák]
guarda-roupas (m)	պահարան	[paharán]
cabide (m) de parede	կախարան	[kaχarán]
cabideiro (m) de pé	կախոց	[kaχóʦ^{h}]
cômoda (f)	կոմոդ	[komód]
mesinha (f) de centro	սեղանիկ	[seġaník]
espelho (m)	հայելի	[hajelí]
tapete (m)	գորգ	[gorg]
tapete (m) pequeno	փոքր գորգ	[p^{h}ok^{h}r gorg]
lareira (f)	բուխարի	[buχarí]
vela (f)	մոմ	[mom]
castiçal (m)	մոմակալ	[momakál]
cortinas (f pl)	վարագույր	[varagújr]
papel (m) de parede	պաստառ	[pastár]
persianas (f pl)	շերտավարագույր	[šertavaragújr]
luminária (f) de mesa	սեղանի լամպ	[seġaní lámp]
luminária (f) de parede	ջահ	[dʒah]
abajur (m) de pé	ձողաջահ	[dzoġadʒáh]
lustre (m)	ջահ	[dʒah]
pé (de mesa, etc.)	տոտիկ	[totík]
braço, descanso (m)	արմնկակալ	[armnkakál]
costas (f pl)	թիկնակ	[t^{h}iknák]
gaveta (f)	դարակ	[darák]

65. Quarto de dormir

roupa (f) de cama	սպիտակեղեն	[spitakeġén]
travesseiro (m)	բարձ	[bardz]
fronha (f)	բարձի երես	[bardzí erés]
cobertor (m)	վերմակ	[vermák]
lençol (m)	սավան	[saván]
colcha (f)	ծածկոց	[tsatskótsʰ]

66. Cozinha

cozinha (f)	խոհանոց	[χohanótsʰ]
gás (m)	գազ	[gaz]
fogão (m) a gás	գազօջախ	[gazodʒáχ]
fogão (m) elétrico	էլեկտրական սալօջախ	[ēlektrakán salodʒáχ]
forno (m)	ջեռոց	[dʒerótsʰ]
forno (m) de micro-ondas	միկրոալիքային վառարան	[mikroalikʰajín vararán]
geladeira (f)	սառնարան	[sarnarán]
congelador (m)	սառնախցիկ	[sarnaχtsʰík]
máquina (f) de lavar louça	աման լվացող մեքենա	[amán lvatsʰóġ mekʰená]
moedor (m) de carne	մսաղաց	[msaġátsʰ]
espremedor (m)	հյութաքամիչ	[hjutʰakʰamíč]
torradeira (f)	տոստեր	[tostér]
batedeira (f)	հարիչ	[haríč]
máquina (f) de café	սրճեփ	[srčepʰ]
cafeteira (f)	սրճաման	[srčamán]
moedor (m) de café	սրճաղաց	[srčaġátsʰ]
chaleira (f)	թեյնիկ	[tʰejník]
bule (m)	թեյաման	[tʰejamán]
tampa (f)	կափարիչ	[kapʰaríč]
coador (m) de chá	թեյքամիչ	[tʰejkʰamíč]
colher (f)	գդալ	[gdal]
colher (f) de chá	թեյի գդալ	[tʰeji gdal]
colher (f) de sopa	ճաշի գդալ	[čaši gdal]
garfo (m)	պատառաքաղ	[patarakʰáġ]
faca (f)	դանակ	[danák]
louça (f)	սպասք	[spaskʰ]
prato (m)	ափսե	[apʰsé]
pires (m)	պնակ	[pnak]
cálice (m)	ըմպանակ	[əmpanák]
copo (m)	բաժակ	[baʒák]
xícara (f)	բաժակ	[baʒák]
açucareiro (m)	շաքարաման	[šakʰaramán]
saleiro (m)	աղաման	[aġamán]
pimenteiro (m)	պղպեղաման	[pġpeġamán]

manteigueira (f)	կարագի աման	[karagí amán]
panela (f)	կաթսա	[katʰsá]
frigideira (f)	թավա	[tʰavá]
concha (f)	շերեփ	[šerépʰ]
coador (m)	քամիչ	[kʰamíč]
bandeja (f)	սկուտեղ	[skutéġ]
garrafa (f)	շիշ	[šiš]
pote (m) de vidro	բանկա	[banká]
lata (~ de cerveja)	տարա	[tará]
abridor (m) de garrafa	բացիչ	[batsʰíč]
abridor (m) de latas	բացիչ	[batsʰíč]
saca-rolhas (m)	խցանահան	[χtsʰanahán]
filtro (m)	զտիչ	[ztič]
filtrar (vt)	զտել	[ztel]
lixo (m)	աղբ	[aġb]
lixeira (f)	աղբի դույլ	[aġbi dújl]

67. Casa de banho

banheiro (m)	լոգարան	[logarán]
água (f)	ջուր	[ʤur]
torneira (f)	ծորակ	[ʦorák]
água (f) quente	տաք ջուր	[takʰ ʤur]
água (f) fria	սառը ջուր	[sárə ʤur]
pasta (f) de dente	ատամի մածուկ	[atamí maʦúk]
escovar os dentes	ատամները մաքրել	[atamnérə makʰrél]
barbear-se (vr)	սափրվել	[sapʰrvél]
espuma (f) de barbear	սափրվելու փրփուր	[sapʰrvelú prpur]
gilete (f)	ածելի	[aʦelí]
lavar (vt)	լվանալ	[lvanál]
tomar banho	լվացվել	[lvaʦʰvél]
chuveiro (m), ducha (f)	ցնցուղ	[ʦʰnʦʰuġ]
tomar uma ducha	դուշ ընդունել	[dúš əndunél]
banheira (f)	լողարան	[loġarán]
vaso (m) sanitário	զուգարանակոնք	[zugaranakónkʰ]
pia (f)	լվացարան	[lvaʦʰarán]
sabonete (m)	օճառ	[očár]
saboneteira (f)	օճառաման	[očaramán]
esponja (f)	սպունգ	[spung]
xampu (m)	շամպուն	[šampún]
toalha (f)	սրբիչ	[srbič]
roupão (m) de banho	խալաթ	[χalátʰ]
lavagem (f)	լվացք	[lvaʦʰkʰ]
lavadora (f) de roupas	լվացքի մեքենա	[lvaʦʰkʰí mekená]

lavar a roupa	սպիտակեղեն լվալ	[spitakeġén lvál]
detergente (m)	լվացքի փոշի	[lvatsʰkʰí pʰoší]

68. Eletrodomésticos

televisor (m)	հեռուստացույց	[herustatsʰújtsʰ]
gravador (m)	մագնիտոֆոն	[magnitofón]
videogravador (m)	տեսամագնիտոֆոն	[tesamagnitofón]
rádio (m)	ընդունիչ	[ənduníč]
leitor (m)	նվագարկիչ	[nvagarkíč]
projetor (m)	տեսապրոյեկտոր	[tesaproektór]
cinema (m) em casa	տնային կինոթատրոն	[tʰnajín kinotʰatrón]
DVD Player (m)	DVD նվագարկիչ	[dividí nvagarkíč]
amplificador (m)	ուժեղացուցիչ	[uʒeġatsʰutsʰíč]
console (f) de jogos	խաղային համակարգիչ	[χaġajín hamakargíč]
câmera (f) de vídeo	տեսախցիկ	[tesaχtsʰík]
máquina (f) fotográfica	լուսանկարչական ապարատ	[lusankarčakán aparát]
câmera (f) digital	թվային լուսանկարչական ապարատ	[tʰvajín lusankarčakán aparát]
aspirador (m)	փոշեկուլ	[pʰošekúl]
ferro (m) de passar	արդուկ	[ardúk]
tábua (f) de passar	արդուկի տախտակ	[ardukí taχták]
telefone (m)	հեռախոս	[heraχós]
celular (m)	բջջային հեռախոս	[bdʒdʒajín heraχós]
máquina (f) de escrever	տպող մեքենա	[tpóġ mekʰená]
máquina (f) de costura	կարի մեքենա	[kʰarí mekʰená]
microfone (m)	միկրոֆոն	[mikrofón]
fone (m) de ouvido	ականջակալներ	[akandʒakalnér]
controle remoto (m)	հեռակառավարման վահանակ	[herakaravarmán vahanák]
CD (m)	խտասկավառակ	[χtaskavarák]
fita (f) cassete	ձայներիզ	[dzajneríz]
disco (m) de vinil	սկավառակ	[skavarák]

ATIVIDADES HUMANAS

Emprego. Negócios. Parte 1

69. Escritório. O trabalho no escritório

escritório (~ de advogados)	գրասենյակ	[grasenják]
escritório (do diretor, etc.)	առանձնասենյակ	[arandznasenják]
secretário (m)	քարտուղար	[kʰartuġár]
diretor (m)	տնօրեն	[tnorén]
gerente (m)	մենեջեր	[menedʒér]
contador (m)	հաշվապահ	[hašvapáh]
empregado (m)	աշխատակից	[ašχatakítsʰ]
mobiliário (m)	կահույք	[kahújkʰ]
mesa (f)	գրասեղան	[graseġán]
cadeira (f)	բազկաթոռ	[bazkatʰór]
gaveteiro (m)	փոքր պահարան	[pʰokʰr paharán]
cabideiro (m) de pé	կախոց	[kaχótsʰ]
computador (m)	համակարգիչ	[hamakargíč]
impressora (f)	տպիչ	[tpič]
fax (m)	ֆաքս	[fakʰs]
fotocopiadora (f)	պատճենահանող սարք	[patčenahanóġ sárkʰ]
papel (m)	թուղթ	[tʰuġtʰ]
artigos (m pl) de escritório	գրենական պիտույքներ	[grenakán pitujkʰnér]
tapete (m) para mouse	գորգ	[gorg]
folha (f)	թուղթ	[tʰuġtʰ]
pasta (f)	թղթապանակ	[tʰġtʰapanák]
catálogo (m)	գրացուցակ	[gratsʰutsʰák]
lista (f) telefônica	տեղեկատու	[teġekatú]
documentação (f)	փաստաթղթեր	[pʰastatʰġtʰér]
brochura (f)	գրքույկ	[grkʰújk]
panfleto (m)	թռուցիկ	[tʰrutsʰík]
amostra (f)	օրինակ	[orinák]
formação (f)	թրենինգ	[tʰreníng]
reunião (f)	խորհրդակցություն	[χorhrdaktsʰutʰjún]
hora (f) de almoço	ճաշի ընդմիջում	[čaší əndmidʒúm]
fazer uma cópia	պատճենահանել	[patčenahanél]
tirar cópias	բազմացնել	[bazmatsʰnél]
receber um fax	ֆաքս ստանալ	[fákʰs stanál]
enviar um fax	ֆաքս ուղարկել	[fákʰs uġarkél]
fazer uma chamada	զանգահարել	[zangaharél]
responder (vt)	պատասխանել	[patasχanél]

passar (vt)	միացնել	[miatsʰnél]
marcar (vt)	նշանակել	[nšanakél]
demonstrar (vt)	ցուցադրել	[tsʰutsʰadrél]
estar ausente	բացակայել	[batsʰakaél]
ausência (f)	բացակայություն	[batsʰakajutʰjún]

70. Processos negociais. Parte 1

ocupação (f)	գործ	[gorts]
firma, empresa (f)	ֆիրմա	[fírma]
companhia (f)	ընկերություն	[ənkerutʰjún]
corporação (f)	միավորում	[miavorúm]
empresa (f)	ձեռնարկություն	[dzernarkutʰjún]
agência (f)	գործակալություն	[gortsakalutʰjún]
acordo (documento)	պայմանագիր	[pajmanagír]
contrato (m)	պայմանագիր	[pajmanagír]
acordo (transação)	գործարք	[gortsárkʰ]
pedido (m)	պատվեր	[patvér]
termos (m pl)	պայման	[pajmán]
por atacado	մեծածախ	[metsatsáχ]
por atacado (adj)	մեծածախ	[metsatsáχ]
venda (f) por atacado	մեծածախ առևտուր	[metsatsáχ arevtúr]
a varejo	մանրածախ	[manratsáχ]
venda (f) a varejo	մանրածախ առևտուր	[manratsáχ arevtúr]
concorrente (m)	մրցակից	[mrtsʰakítsʰ]
concorrência (f)	մրցակցություն	[mrtʰaktsʰutʰjún]
competir (vi)	մրցակցել	[mrtsʰaktsʰél]
sócio (m)	գործընկեր	[gortsənkér]
parceria (f)	համագործակցություն	[hamagortsaktsʰutʰjún]
crise (f)	ճգնաժամ	[čgnaʒám]
falência (f)	սնանկություն	[snankutʰjún]
entrar em falência	սննկանալ	[snənkanál]
dificuldade (f)	դժվարություն	[dʒvarutʰjún]
problema (m)	խնդիր	[χndir]
catástrofe (f)	աղետ	[aġét]
economia (f)	տնտեսություն	[tntesutʰjún]
econômico (adj)	տնտեսական	[tntesakán]
recessão (f) econômica	տնտեսական անկում	[tntesakán ankúm]
objetivo (m)	նպատակ	[npaták]
tarefa (f)	խնդիր	[χndir]
comerciar (vi, vt)	առևտուր անել	[arevtúr anél]
rede (de distribuição)	ցանց	[tsʰantsʰ]
estoque (m)	պահեստ	[pahést]
sortimento (m)	տեսականի	[tesakaní]
líder (m)	ղեկավար	[ġekavár]
grande (~ empresa)	խոշոր	[χošór]

monopólio (m)	մենաշնորհ	[menašnórh]
teoria (f)	տեսություն	[tesutʰjún]
prática (f)	պրակտիկա	[práktika]
experiência (f)	փորձ	[pʰorʣ]
tendência (f)	միտում	[mitúm]
desenvolvimento (m)	զարգացում	[zargaʦʰúm]

71. Processos negociais. Parte 2

rentabilidade (f)	շահ	[šah]
rentável (adj)	շահավետ	[šahavét]
delegação (f)	պատվիրակություն	[patvirakutʰjún]
salário, ordenado (m)	աշխատավարձ	[ašχatavárʣ]
corrigir (~ um erro)	ուղղել	[uġġél]
viagem (f) de negócios	գործուղում	[gorʦuġúm]
comissão (f)	հանձնաժողով	[hanʣnaʒoġóv]
controlar (vt)	վերահսկել	[verahskél]
conferência (f)	կոնֆերանս	[konferáns]
licença (f)	լիցենզիա	[liʦʰénzja]
confiável (adj)	վստահելի	[vstahelí]
empreendimento (m)	ձեռնարկած գործ	[ʣernarkáʦ gorʦ]
norma (f)	նորմա	[nórma]
circunstância (f)	հանգամանք	[hangamánkʰ]
dever (do empregado)	պարտականություն	[partakanutʰjún]
empresa (f)	կազմակերպություն	[kazmakerputʰjún]
organização (f)	կազմակերպում	[kazmakerpúm]
organizado (adj)	կազմակերպված	[kazmakerpváʦ]
anulação (f)	վերացում	[veraʦʰu:m]
anular, cancelar (vt)	չեղարկել	[čeġarkél]
relatório (m)	հաշվետվություն	[hašvetvutʰjún]
patente (f)	արտոնագիր	[artonagír]
patentear (vt)	արտոնագրել	[artonagrél]
planejar (vt)	ծրագրել	[ʦragrél]
bônus (m)	պարգևավճար	[pargevavčár]
profissional (adj)	մասնագիտական	[masnagituʦjún]
procedimento (m)	ընթացակարգ	[əntʰaʦʰakárg]
examinar (~ a questão)	քննարկել	[kʰnnarkél]
cálculo (m)	վճարում	[včarúm]
reputação (f)	համբավ	[hambáv]
risco (m)	ռիսկ	[risk]
dirigir (~ uma empresa)	ղեկավարել	[ġekavarél]
informação (f)	տեղեկություններ	[teġekutʰjunnér]
propriedade (f)	սեփականություն	[sepʰakanutʰjún]
união (f)	միավորում	[miavorúm]
seguro (m) de vida	կյանքի ապահովագրություն	[kjankʰí apahovagrutʰjún]
fazer um seguro	ապահովագրել	[apahovagrél]

seguro (m)	ապահովագրություն	[apahovagrutʰjún]
leilão (m)	աճուրդ	[ačúrd]
notificar (vt)	ծանուցել	[ʦanuʦʰél]
gestão (f)	ղեկավարում	[ġekavarúm]
serviço (indústria de ~s)	ծառայություն	[ʦarajutʰjún]
fórum (m)	համաժողով	[hamaʒoġóv]
funcionar (vi)	գործել	[gorʦél]
estágio (m)	փուլ	[pʰul]
jurídico, legal (adj)	իրավաբանական	[iravabanakán]
advogado (m)	իրավաբան	[iravabán]

72. Produção. Trabalhos

usina (f)	գործարան	[gorʦarán]
fábrica (f)	ֆաբրիկա	[fábrika]
oficina (f)	արտադրամաս	[artadramás]
local (m) de produção	արտադրություն	[artadrutʰjún]
indústria (f)	արդյունաբերություն	[ardjunaberutʰjún]
industrial (adj)	արդյունաբերական	[ardjunaberakán]
indústria (f) pesada	ծանր արդյունաբերություն	[ʦánr ardjunaberutʰjún]
indústria (f) ligeira	թեթև արդյունաբերություն	[tʰetʰév ardjunaberutʰjún]
produção (f)	արտադրանք	[artadránkʰ]
produzir (vt)	արտադրել	[artadrél]
matérias-primas (f pl)	հումք	[humkʰ]
chefe (m) de obras	բրիգադավար	[brigadavár]
equipe (f)	բրիգադ	[brigád]
operário (m)	բանվոր	[banvór]
dia (m) de trabalho	աշխատանքային օր	[ašχatankʰajín or]
intervalo (m)	ընդմիջում	[əndmiʤúm]
reunião (f)	ժողով	[ʒoġóv]
discutir (vt)	քննարկել	[kʰnnarkél]
plano (m)	պլան	[plan]
cumprir o plano	պլանը կատարել	[plánə katarél]
taxa (f) de produção	չափաքանակ	[čapʰakʰanák]
qualidade (f)	որակ	[vorák]
controle (m)	վերահսկում	[verahskúm]
controle (m) da qualidade	որակի վերահսկում	[voraki verahskúm]
segurança (f) no trabalho	աշխատանքի անվտանգություն	[ašχatankʰí anvtanutʰjún]
disciplina (f)	կարգապահություն	[kargapahutʰjún]
infração (f)	խախտում	[χaχtúm]
violar (as regras)	խախտել	[χaχtél]
greve (f)	գործադուլ	[gorʦadúl]
grevista (m)	գործադուլավոր	[gorʦadulavór]
estar em greve	գործադուլ անել	[gorʦadúl anél]
sindicato (m)	արհմիություն	[arhmiutʰjún]

inventar (vt)	հայտնագործել	[hajtnagortsél]
invenção (f)	գյուտ	[gjut]
pesquisa (f)	հետազոտություն	[hetazotutʰjún]
melhorar (vt)	բարելավել	[barelavél]
tecnologia (f)	տեխնոլոգիա	[teχnológia]
desenho (m) técnico	գծագիր	[gtsagír]
carga (f)	բեռ	[ber]
carregador (m)	բեռնակիր	[bernakír]
carregar (o caminhão, etc.)	բարձել	[bardzél]
carregamento (m)	բեռնում	[bernúm]
descarregar (vt)	բեռնաթափել	[bernatʰapʰél]
descarga (f)	բեռնաթափում	[bernatʰapʰúm]
transporte (m)	փոխադրամիջոց	[pʰoχadramidʒótsʰ]
companhia (f) de transporte	տրանսպորտային ընկերություն	[transportajín ənkerutʰjún]
transportar (vt)	փոխադրել	[pʰoχadrél]
vagão (m) de carga	վագոն	[vagón]
tanque (m)	ցիստեռն	[tsʰistérn]
caminhão (m)	բեռնատար	[bernatár]
máquina (f) operatriz	հաստոց	[hastótsʰ]
mecanismo (m)	մեխանիզմ	[meχanízm]
resíduos (m pl) industriais	թափոններ	[tʰapʰonnér]
embalagem (f)	փաթեթավորում	[pʰatʰetʰavorúm]
embalar (vt)	փաթեթավորել	[pʰatʰetʰavorél]

73. Contrato. Acordo

contrato (m)	պայմանագիր	[pajmanagír]
acordo (m)	համաձայնագիր	[hamadzajnagír]
adendo, anexo (m)	հավելված	[havelváts]
assinar o contrato	պայմանագիր կնքել	[pajmanagír knkʰél]
assinatura (f)	ստորագրություն	[storagrutʰjún]
assinar (vt)	ստորագրել	[storagrél]
carimbo (m)	կնիք	[knikʰ]
objeto (m) do contrato	պայմանագրի առարկա	[pajmanagrí ararká]
cláusula (f)	կետ	[ket]
partes (f pl)	կողմեր	[koġmér]
domicílio (m) legal	իրավաբանական հասցե	[iravabanakán hastsʰé]
violar o contrato	խախտել պայմանագիրը	[χaχtél pajmanagírə]
obrigação (f)	պարտավորություն	[partavorutʰjún]
responsabilidade (f)	պատասխանատվություն	[patasχanatvutʰjún]
força (f) maior	ֆորս-մաժոր	[fórs maʒór]
litígio (m), disputa (f)	վեճ	[več]
multas (f pl)	տուգանային պատժամիջոցներ	[tuganajín patʒamidʒotsʰnér]

74. Importação & Exportação

importação (f)	ներմուծում	[nermuʦúm]
importador (m)	ներկրող	[nerkróġ]
importar (vt)	ներմուծել	[nermuʦél]
de importação	ներմուծված	[nermuʦváʦ]
exportador (m)	արտահանող	[artahanóġ]
exportar (vt)	արտահանել	[artahanél]
mercadoria (f)	ապրանք	[apránkʰ]
lote (de mercadorias)	խմբաքանակ	[χmbakʰanák]
peso (m)	քաշ	[kʰaš]
volume (m)	ծավալ	[ʦavál]
metro (m) cúbico	խորանարդ մետր	[χoranárd métr]
produtor (m)	արտադրող	[artadróġ]
companhia (f) de transporte	տրանսպորտային ընկերություն	[transportajín ənkerutʰjún]
contêiner (m)	բեռնարկղ	[bernárkġ]
fronteira (f)	սահման	[sahmán]
alfândega (f)	մաքսատուն	[makʰsatún]
taxa (f) alfandegária	մաքսատուրք	[maksatúrkʰ]
funcionário (m) da alfândega	մաքսավոր	[makʰsavór]
contrabando (atividade)	մաքսանենգություն	[makʰsanengutʰjún]
contrabando (produtos)	մաքսանենգ ապրանք	[maksanéng apránkʰ]

75. Finanças

ação (f)	բաժնետոմս	[baʒnetóms]
obrigação (f)	փոխառության պարտատոմս	[pʰoχarutʰján pajmanagír]
nota (f) promissória	մուրհակ	[murhák]
bolsa (f) de valores	բորսա	[bórsa]
cotação (m) das ações	բաժնետոմսերի վարկանիշ	[baʒnetomserí varkaníš]
tornar-se mais barato	գինն ընկնել	[gín ənknél]
tornar-se mais caro	գինը բարձրանալ	[ginə barʣranál]
participação (f) majoritária	վերահսկիչ փաթեթ	[verahskíč pʰatʰétʰ]
investimento (m)	ներդրումներ	[nerdrumnér]
investir (vt)	ներդնել	[nerdnél]
porcentagem (f)	տոկոս	[tokós]
juros (m pl)	տոկոսներ	[tokosnér]
lucro (m)	շահույթ	[šahújtʰ]
lucrativo (adj)	շահավետ	[šahavét]
imposto (m)	հարկ	[hark]
divisa (f)	տարադրամ	[taradrám]
nacional (adj)	ազգային	[azgajín]

câmbio (m)	փոխանակում	[pʰoχanakúm]
contador (m)	հաշվապահ	[hašvapáh]
contabilidade (f)	հաշվապահություն	[hašvapahutʰjún]
falência (f)	սնանկություն	[snankutʰjún]
falência, quebra (f)	սնանկություն	[snankutʰjún]
ruína (f)	սնանկություն	[snankutʰjún]
estar quebrado	սննկանալ	[snənkanál]
inflação (f)	գնաճ	[gnač]
desvalorização (f)	դեվալվացիա	[devalvátsʰia]
capital (m)	կապիտալ	[kapitál]
rendimento (m)	շահույթ	[šahújtʰ]
volume (m) de negócios	շրջանառություն	[šrʤanarutʰjún]
recursos (m pl)	միջոցներ	[miʤotsʰnér]
recursos (m pl) financeiros	դրամական միջոցներ	[dramakán miʤotsʰnér]
reduzir (vt)	կրճատել	[krčatél]

76. Marketing

marketing (m)	մարքեթինգ	[markʰetʰíng]
mercado (m)	շուկա	[šuká]
segmento (m) do mercado	շուկայի հատված	[šukají hatváts]
produto (m)	ապրանքատեսակ	[aprankʰatesák]
mercadoria (f)	ապրանք	[apránkʰ]
marca (f) registrada	առևտրային նշան	[arevtrajín nšan]
logotipo (m)	ֆիրմային նշան	[firmajín nšan]
logo (m)	լոգոտիպ	[logotíp]
demanda (f)	պահանջարկ	[pahanʤárk]
oferta (f)	առաջարկ	[araʤárk]
necessidade (f)	կարիք	[karíkʰ]
consumidor (m)	սպառող	[sparóġ]
análise (f)	վերլուծություն	[verlutsutʰjún]
analisar (vt)	վերլուծել	[verlutsél]
posicionamento (m)	դիրքավորում	[dirkʰavorúm]
posicionar (vt)	դիրքավորվել	[dirkʰavorvél]
preço (m)	գին	[gin]
política (f) de preços	գնային քաղաքականություն	[gnajín kʰaġakʰakanutʰjún]
formação (f) de preços	գնագոյացում	[gnagojatsʰúm]

77. Publicidade

publicidade (f)	գովազդ	[govázd]
fazer publicidade	գովազդել	[govazdél]
orçamento (m)	բյուջե	[bjuʤé]
anúncio (m)	գովազդ	[govázd]
publicidade (f) na TV	հեռուստագովազդ	[herustagovázd]

publicidade (f) na rádio	ռադիոգովազդ	[radiogovázd]
publicidade (f) exterior	արտաքին գովազդ	[artakʰín govázd]
comunicação (f) de massa	զանգվածային լրատվության միջոցներ	[zangvatsajín lratvutʰján midʒotsʰnér]
periódico (m)	պարբերական	[parberakán]
imagem (f)	իմիջ	[imídʒ]
slogan (m)	նշանաբան	[nšanabán]
mote (m), lema (f)	նշանաբան	[nšanabán]
campanha (f)	արշավ	[aršáv]
campanha (f) publicitária	գովազդարշավ	[govazdaršáv]
grupo (m) alvo	նպատակային լսարան	[npatakajín lsarán]
cartão (m) de visita	այցեքարտ	[ajtsʰekʰárt]
panfleto (m)	թռուցիկ	[tʰrutsʰík]
brochura (f)	գրքույկ	[grkʰújk]
folheto (m)	ծալաթերթիկ	[tsalatʰertík]
boletim (~ informativo)	տեղեկատվական թերթիկ	[teġekatvakán tʰertʰík]
letreiro (m)	ցուցանակ	[tsʰutsʰanák]
cartaz, pôster (m)	ձգապաստառ	[dzgapastár]
painel (m) publicitário	վահանակ	[vahanák]

78. Banca

banco (m)	բանկ	[bank]
balcão (f)	բաժանմունք	[baʒanmúnkʰ]
consultor (m) bancário	խորհրդատու	[χorhrdatú]
gerente (m)	կառավարիչ	[karavaríč]
conta (f)	հաշիվ	[hašív]
número (m) da conta	հաշվի համար	[hašví hamár]
conta (f) corrente	ընթացիկ հաշիվ	[əntʰatsʰík hašív]
conta (f) poupança	կուտակային հաշիվ	[kutakajín hašív]
abrir uma conta	հաշիվ բացել	[hašív batsʰél]
fechar uma conta	հաշիվ փակել	[hašív pʰakél]
depositar na conta	հաշվի վրա գցել	[hašví vra gtsʰel]
sacar (vt)	հաշվից հանել	[hašvítsʰ hanél]
depósito (m)	ավանդ	[avánd]
fazer um depósito	ավանդ ներդնել	[avánd nerdnél]
transferência (f) bancária	փոխանցում	[pʰoχantsʰúm]
transferir (vt)	փոխանցում կատարել	[pʰoχantsʰúm katarél]
soma (f)	գումար	[gumár]
Quanto?	Որքա՞ն	[vorkʰán?]
assinatura (f)	ստորագրություն	[storagrutʰjún]
assinar (vt)	ստորագրել	[storagrél]
cartão (m) de crédito	վարկային քարտ	[varkʰajín kʰárt]

senha (f)	կոդ	[kod]
número (m) do cartão de crédito	վարկային քարտի համար	[varkʰajín kʰartí hamár]
caixa (m) eletrônico	բանկոմատ	[bankomát]
cheque (m)	չեք	[čekʰ]
passar um cheque	չեք դուրս գրել	[čekʰ durs grel]
talão (m) de cheques	չեքային գրքույկ	[čekʰajín grkʰújk]
empréstimo (m)	վարկ	[vark]
pedir um empréstimo	դիմել վարկ ստանալու համար	[dimél várk stanalú hamár]
obter empréstimo	վարկ վերցնել	[vark verʦʰnél]
dar um empréstimo	վարկ տրամադրել	[vark tramadrél]
garantia (f)	գրավական	[gravakán]

79. Telefone. Conversação telefônica

telefone (m)	հեռախոս	[heraχós]
celular (m)	բջջային հեռախոս	[bʤʤajín heraχós]
secretária (f) eletrônica	ինքնապատասխանիչ	[inkʰnapatasχaníč]
fazer uma chamada	զանգահարել	[zangaharél]
chamada (f)	զանգ	[zang]
discar um número	համարը հավաքել	[hamárə havakʰél]
Alô!	Ալո՜	[aló!]
perguntar (vt)	հարցնել	[harʦʰnél]
responder (vt)	պատասխանել	[patasχanél]
ouvir (vt)	լսել	[lsel]
bem	լավ	[lav]
mal	վատ	[vat]
ruído (m)	խանգարումներ	[χangarumnér]
fone (m)	լսափող	[lsapʰóġ]
pegar o telefone	լսափողը վերցնել	[lsapʰóġə verʦʰnél]
desligar (vi)	լսափողը դնել	[lsapʰóġə dnél]
ocupado (adj)	զբաղված	[zbaġváʦ]
tocar (vi)	զանգել	[zangél]
lista (f) telefônica	հեռախոսագիրք	[heraχosagírkʰ]
local (adj)	տեղային	[teġajín]
de longa distância	միջքաղաքային	[miʤkaġakʰajín]
internacional (adj)	միջազգային	[miʤazgajín]

80. Telefone móvel

celular (m)	բջջային հեռախոս	[bʤʤajín heraχós]
tela (f)	էկրան	[ēkrán]
botão (m)	կոճակ	[kočák]

cartão SIM (m)	SIM-քարտ	[sim kʰart]
bateria (f)	մարտկոց	[martkóʦʰ]
descarregar-se (vr)	լիցքաթափվել	[liʦʰkʰatʰapʰvél]
carregador (m)	լիցքավորման սարք	[liʦʰkavormán sárkʰ]
menu (m)	մենյու	[menjú]
configurações (f pl)	լարք	[larkʰ]
melodia (f)	մեղեդի	[meġedí]
escolher (vt)	ընտրել	[əntrél]
calculadora (f)	հաշվիչ	[hašvíč]
correio (m) de voz	ինքնապատասխանիչ	[inkʰnapatasχaníč]
despertador (m)	զարթուցիչ	[zartʰuʦʰíč]
contatos (m pl)	հեռախոսագիրք	[heraχosagírkʰ]
mensagem (f) de texto	SMS-հաղորդագրություն	[SMS haġordagrutʰjún]
assinante (m)	բաժանորդ	[baʒanórd]

81. Estacionário

caneta (f)	ինքնահոս գրիչ	[inkʰnahós gríč]
caneta (f) tinteiro	փետրավոր գրիչ	[pʰetravór grič]
lápis (m)	մատիտ	[matít]
marcador (m) de texto	նշիչ	[nšič]
caneta (f) hidrográfica	ֆլոմաստեր	[flomastér]
bloco (m) de notas	նոթատետր	[notʰatétr]
agenda (f)	օրագիրք	[oragírkʰ]
régua (f)	քանոն	[kʰanón]
calculadora (f)	հաշվիչ	[hašvíč]
borracha (f)	ռետին	[retín]
alfinete (m)	սևեռակ	[severák]
clipe (m)	ամրակ	[amrák]
cola (f)	սոսինձ	[sosíndz]
grampeador (m)	ճարմանդակարիչ	[čarmandakaríč]
furador (m) de papel	ծակոտիչ	[ʦakotíč]
apontador (m)	սրիչ	[srič]

82. Tipos de negócios

serviços (m pl) de contabilidade	հաշվապահական ծառայություններ	[hašvapahakán ʦarajutʰjúnnér]
publicidade (f)	գովազդ	[govázd]
agência (f) de publicidade	գովազդային գործակալություն	[govazdajín gorʦakalutʰjún]
ar (m) condicionado	օդորակիչներ	[odorakičnér]
companhia (f) aérea	ավիաընկերություն	[aviaənkerutʰjún]
bebidas (f pl) alcoólicas	ոգելից խմիչքներ	[vogelíʦʰ χmičkʰnér]
comércio (m) de antiguidades	հնաոճ իրեր	[hnavóč irér]

galeria (f) de arte	սրահ	[srah]
serviços (m pl) de auditoria	աուդիտորական ծառայություններ	[auditorakán ʦarajut^{h}jún]
negócios (m pl) bancários	բանկային գործ	[bankajín gorʦ]
bar (m)	բար	[bar]
salão (m) de beleza	գեղեցկության սրահ	[geġeʦ^{h}kut^{h}ján sráh]
livraria (f)	գրախանութ	[graχanút^{h}]
cervejaria (f)	գարեջրի գործարան	[garedʒrí gorʦarán]
centro (m) de escritórios	բիզնես-կենտրոն	[bíznes kentrón]
escola (f) de negócios	բիզնես-դպրոց	[bíznes dpróʦ^{h}]
cassino (m)	խաղատուն	[χaġatún]
construção (f)	շինարարություն	[šinararut^{h}jún]
consultoria (f)	խորհրդատվություն	[χorhrdatvut^{h}jún]
clínica (f) dentária	ատամնաբուժություն	[atamnabuʒut^{h}jún]
design (m)	դիզայն	[dizájn]
drogaria (f)	դեղատուն	[deġatún]
lavanderia (f)	քիմմաքրման կետ	[k^{h}immak^{h}rmán két]
agência (f) de emprego	աշխատանքի տեղավորման գործակալություն	[ašχatank^{h}í teġavormán gorʦakalut^{h}jún]
serviços (m pl) financeiros	ֆինանսական ծառայություններ	[finansakán ʦarajut^{h}júnnér]
alimentos (m pl)	սննդամթերք	[snndamt^{h}érk^{h}]
funerária (f)	թաղման բյուրո	[t^{h}aġmán bjuró]
mobiliário (m)	կահույք	[kahújk^{h}]
roupa (f)	հագուստ	[hagúst]
hotel (m)	հյուրանոց	[hjuranóʦ^{h}]
sorvete (m)	պաղպաղակ	[paġpaġák]
indústria (f)	արդյունաբերություն	[ardjunaberut^{h}jún]
seguro (~ de vida, etc.)	ապահովագրություն	[apahovagrut^{h}jún]
internet (f)	ինտերնետ	[internét]
investimento (m)	ներդրումներ	[nerdrumnér]
joalheiro (m)	ոսկերիչ	[voskeríč]
joias (f pl)	ոսկերչական իրեր	[voskerčakán irér]
lavanderia (f)	լվացքատուն	[lvaʦ^{h}k^{h}atún]
assessorias (f pl) jurídicas	իրավաբանական ծառայություններ	[iravabanakán ʦarajut^{h}júnnér]
indústria (f) ligeira	թեթև արդյունաբերություն	[t^{h}et^{h}év ardjunaberut^{h}jún]
revista (f)	ամսագիր	[amsagír]
vendas (f pl) por catálogo	գրացուցակով առևտուր	[graʦ^{h}uʦ^{h}akóv arevtúr]
medicina (f)	բժշկություն	[bʒškut^{h}jún]
cinema (m)	կինոթատրոն	[kinot^{h}atrón]
museu (m)	թանգարան	[t^{h}angarán]
agência (f) de notícias	տեղեկատվական գործակալություն	[teġekatvakán gorʦakalut^{h}jún]
jornal (m)	թերթ	[t^{h}ert^{h}]
boate (casa noturna)	գիշերային ակումբ	[gišerajín akúmb]
petróleo (m)	նավթ	[navt^{h}]

serviços (m pl) de remessa	առաքման ծառայություն	[arakʰmán ʦarajutʰjún]
indústria (f) farmacêutica	դեղագիտություն	[deġagitutʰjún]
tipografia (f)	տպագրություն	[tpagrutʰjún]
editora (f)	հրատարակչություն	[hratarakčutʰjún]
rádio (m)	ռադիո	[rádio]
imobiliário (m)	անշարժ գույք	[anšárʒ gújkʰ]
restaurante (m)	ռեստորան	[restorán]
empresa (f) de segurança	անվտանգության գործակալություն	[anvtangutʰján gorʦakalutʰjún]
esporte (m)	սպորտ	[sport]
bolsa (f) de valores	բորսա	[bórsa]
loja (f)	խանութ	[χanútʰ]
supermercado (m)	սուպերմարքեթ	[supermarkʰétʰ]
piscina (f)	լողավազան	[loġavazán]
alfaiataria (f)	արվեստանոց	[arvestanóʦʰ]
televisão (f)	հեռուստատեսություն	[herustatesutʰjún]
teatro (m)	թատրոն	[tʰatrón]
comércio (m)	առևտուր	[arevtúr]
serviços (m pl) de transporte	փոխադրումներ	[pʰoχadrumnér]
viagens (f pl)	զբոսաշրջություն	[zbosašrʤutʰjún]
veterinário (m)	անասնաբույժ	[anasnabújʒ]
armazém (m)	պահեստ	[pahést]
recolha (f) do lixo	աղբի դուրս հանում	[aġbí dúrs hanúm]

Emprego. Negócios. Parte 2

83. Espetáculo. Feira

feira, exposição (f)	ցուցահանդես	[ʦʰuʦʰahandés]
feira (f) comercial	առևտրական ցուցահանդես	[arevtrajín ʦʰuʦʰahandés]
participação (f)	մասնակցություն	[masnakʦʰutʰjún]
participar (vi)	մասնակցել	[masnakʦʰél]
participante (m)	մասնակից	[masnakíʦʰ]
diretor (m)	տնօրեն	[tnorén]
direção (f)	տնօրինություն	[tnorinutʰjún]
organizador (m)	կազմակերպիչ	[kazmakerpíč]
organizar (vt)	կազմակերպել	[kazmakerpél]
ficha (f) de inscrição	մասնակցության հայտ	[masnakʦʰutʰján hajt]
preencher (vt)	լրացնել	[lraʦʰnél]
detalhes (m pl)	մանրամասներ	[manramasnér]
informação (f)	տեղեկատվություն	[teġekatvutʰjún]
preço (m)	գին	[gin]
incluindo	ներառյալ	[nerarjál]
incluir (vt)	ներառել	[nerarél]
pagar (vt)	վճարել	[včarél]
taxa (f) de inscrição	գրանցավճար	[granʦʰavčár]
entrada (f)	մուտք	[mutkʰ]
pavilhão (m), salão (f)	վաճառասրահ	[vačarasráh]
inscrever (vt)	գրանցել	[granʦʰél]
crachá (m)	բեջ	[beʤ]
stand (m)	ցուցատախտակ	[ʦʰuʦʰataχták]
reservar (vt)	նախօրոք պատվիրել	[naχorókʰ patvirél]
vitrine (f)	ցուցափեղկ	[ʦʰuʦʰapʰéġk]
lâmpada (f)	լրացնել	[lraʦʰnél]
design (m)	դիզայն	[dizájn]
pôr (posicionar)	տեղավորել	[teġavorél]
distribuidor (m)	դիստրիբյուտոր	[distribjutór]
fornecedor (m)	մատակարար	[matakarár]
país (m)	երկիր	[erkír]
estrangeiro (adj)	օտարերկրյա	[otarerkrjá]
produto (m)	ապրանքատեսակ	[aprankʰatesák]
associação (f)	միություն	[miutʰjún]
sala (f) de conferência	կոնֆերանսների դահլիճ	[konferansnerí dahlíč]
congresso (m)	վեհաժողով	[vehaʒoġóv]

concurso (m)	մրցույթ	[mrts^{h}ujt^h]
visitante (m)	հաճախորդ	[hačaχórd]
visitar (vt)	հաճախել	[hačaχél]
cliente (m)	պատվիրատու	[patviratú]

84. Ciência. Investigação. Cientistas

ciência (f)	գիտություն	[gitut^{h}jún]
científico (adj)	գիտական	[gitakán]
cientista (m)	գիտնական	[gitnakán]
teoria (f)	տեսություն	[tesut^{h}jún]
axioma (m)	աքսիոմ	[ak^{h}sióm]
análise (f)	վերլուծություն	[verlutsut^{h}jún]
analisar (vt)	վերլուծել	[verlutsél]
argumento (m)	փաստարկ	[p^{h}astárk]
substância (f)	նյութ	[njut^h]
hipótese (f)	հիպոտեզ	[hipotéz]
dilema (m)	երկընտրանք	[erkəntránk^h]
tese (f)	դիսերտացիա	[disertáts^{h}ia]
dogma (m)	դոգմա	[dógma]
doutrina (f)	ուսմունք	[usmúnk^h]
pesquisa (f)	հետազոտություն	[hetazotut^{h}jún]
pesquisar (vt)	հետազոտել	[hetazotél]
testes (m pl)	վերահսկում	[verahskúm]
laboratório (m)	լաբորատորիա	[laboratória]
método (m)	մեթոդ	[met^{h}ód]
molécula (f)	մոլեկուլ	[molekúl]
monitoramento (m)	մոնիթորինգ	[monit^{h}óring]
descoberta (f)	հայտնագործություն	[hajtnagortsut^{h}jún]
postulado (m)	կանխադրույթ	[kanχadrújt^h]
princípio (m)	սկզբունք	[skzbúnk^h]
prognóstico (previsão)	կանխատեսություն	[kanχatesut^{h}jún]
prognosticar (vt)	կանխատեսել	[kanχatesél]
síntese (f)	սինթեզ	[sint^{h}éz]
tendência (f)	միտում	[mitúm]
teorema (m)	թեորեմ	[t^{h}eorém]
ensinamentos (m pl)	ուսմունք	[usmúnk^h]
fato (m)	փաստ	[p^{h}ast]
expedição (f)	արշավ	[aršáv]
experiência (f)	գիտափորձ	[gitap^{h}órdz]
acadêmico (m)	ակադեմիկոս	[akademikós]
bacharel (m)	բակալավր	[bakalávr]
doutor (m)	դոկտոր	[doktór]
professor (m) associado	դոցենտ	[dots^{h}ént]
mestrado (m)	մագիստրոս	[magistrós]
professor (m)	պրոֆեսոր	[profesór]

Profissões e ocupações

85. Procura de emprego. Demissão

trabalho (m)	աշխատանք	[ašχatánkʰ]
pessoal (m)	աշխատակազմ	[ašχatakázm]
carreira (f)	կարիերա	[karéra]
perspectivas (f pl)	հեռանկար	[herankár]
habilidades (f pl)	վարպետություն	[varpetutʰjún]
seleção (f)	ընտրություն	[əntrutʰjún]
agência (f) de emprego	աշխատանքի տեղավորման գործակալություն	[ašχatankʰí teġavormán gorʦakalutʰjún]
currículo (m)	ինքնակենսագրություն	[inkʰnakensagrutʰjún]
entrevista (f) de emprego	հարցազրույց	[harʦʰazrújʦʰ]
vaga (f)	թափուր աշխատատեղ	[tʰapʰúr ašχatatéġ]
salário (m)	աշխատավարձ	[ašχatavárʣ]
salário (m) fixo	դրույք	[drujkʰ]
pagamento (m)	վարձավճար	[varʣavčár]
cargo (m)	պաշտոն	[paštón]
dever (do empregado)	պարտականություն	[partakanutʰjún]
gama (f) de deveres	շրջանակ	[šrʤanák]
ocupado (adj)	զբաղված	[zbaġváʦ]
despedir, demitir (vt)	հեռացնել	[heraʦʰnél]
demissão (f)	հեռացում	[heraʦʰúm]
desemprego (m)	գործազրկություն	[gorʦazrkutʰjún]
desempregado (m)	գործազուրկ	[gorʦazúrk]
aposentadoria (f)	թոշակ	[tʰošák]
aposentar-se (vr)	թոշակի գնալ	[tʰošakí gnál]

86. Gente de negócios

diretor (m)	տնօրեն	[tnorén]
gerente (m)	կառավարիչ	[karavaríč]
patrão, chefe (m)	ղեկավար	[ġekavár]
superior (m)	պետ	[pet]
superiores (m pl)	ղեկավարություն	[ġekavarutʰjún]
presidente (m)	նախագահ	[naχagáh]
chairman (m)	նախագահ	[naχagáh]
substituto (m)	տեղակալ	[teġakál]
assistente (m)	օգնական	[ognakán]

secretário (m)	քարտուղար	[kʰartuġár]
secretário (m) pessoal	անձնական քարտուղար	[anʣnakán kʰartuġár]
homem (m) de negócios	գործարար	[gorʦarár]
empreendedor (m)	ձեռներեց	[ʣernerétsʰ]
fundador (m)	հիմնադիր	[himnadír]
fundar (vt)	հիմնադրել	[himnadrél]
principiador (m)	սահմանադրող	[sahmmanadróġ]
parceiro, sócio (m)	գործընկեր	[gorʦənkér]
acionista (m)	բաժնետեր	[baʒnetér]
milionário (m)	միլիոնատեր	[milionatér]
bilionário (m)	միլիարդեր	[miliardatér]
proprietário (m)	սեփականատեր	[sepʰakanatér]
proprietário (m) de terras	հողատեր	[hoġatér]
cliente (m)	հաճախորդ	[hačaχórd]
cliente (m) habitual	մշտական հաճախորդ	[mštakán hačaχórd]
comprador (m)	գնորդ	[gnord]
visitante (m)	հաճախորդ	[hačaχórd]
profissional (m)	պրոֆեսիոնալ	[profesionál]
perito (m)	փորձագետ	[pʰorʣagét]
especialista (m)	մասնագետ	[masnagét]
banqueiro (m)	բանկատեր	[bankatér]
corretor (m)	բրոկեր	[bróker]
caixa (m, f)	գանձապահ	[ganʣapáh]
contador (m)	հաշվապահ	[hašvapáh]
guarda (m)	անվտանգության աշխատակից	[anvtangutʰján ašχatakíʦʰ]
investidor (m)	ներդրող	[nerdróġ]
devedor (m)	պարտապան	[partapán]
credor (m)	վարկատու	[varkarú]
mutuário (m)	փոխառու	[pʰoχarú]
importador (m)	ներկրող	[nerkróġ]
exportador (m)	արտահանող	[artahanóġ]
produtor (m)	արտադրող	[artadróġ]
distribuidor (m)	դիստրիբյուտոր	[distribjutór]
intermediário (m)	միջնորդ	[miʤnórd]
consultor (m)	խորհրդատու	[χorhrdatú]
representante comercial	ներկայացուցիչ	[nerkajaʦʰuʦʰíč]
agente (m)	գործակալ	[gorʦakál]
agente (m) de seguros	ապահովագրական գործակալ	[apahovagrakán gorʦakál]

87. Profissões de serviços

cozinheiro (m)	խոհարար	[χoharár]
chefe (m) de cozinha	շեֆ-խոհարար	[šéf χoharár]

padeiro (m)	հացթուխ	[hatsʰtʰúχ]
barman (m)	բարմեն	[barmén]
garçom (m)	մատուցող	[matutsʰóġ]
garçonete (f)	մատուցողուհի	[matutsʰoġuhí]
advogado (m)	փաստաբան	[pʰastabán]
jurista (m)	իրավաբան	[iravabán]
notário (m)	նոտար	[notár]
eletricista (m)	մոնտյոր	[montjor]
encanador (m)	սանտեխնիկ	[santeχník]
carpinteiro (m)	ատաղձագործ	[ataġdzagórts]
massagista (m)	մերսող	[mersóġ]
massagista (f)	մերսող	[mersóġ]
médico (m)	բժիշկ	[bʒišk]
taxista (m)	տակսու վարորդ	[taksú varórd]
condutor (automobilista)	վարորդ	[varórd]
entregador (m)	առաքիչ	[arakʰíč]
camareira (f)	սպասավորուհի	[spasavoruhí]
guarda (m)	անվտանգության աշխատակից	[anvtangutʰján ašχatakítsʰ]
aeromoça (f)	ուղեկցորդուհի	[uġektsʰorduhí]
professor (m)	ուսուցիչ	[usutsʰíč]
bibliotecário (m)	գրադարանավար	[gradaranavár]
tradutor (m)	թարգմանիչ	[tʰargmaníč]
intérprete (m)	թարգմանիչ	[tʰargmaníč]
guia (m)	գիդ	[gid]
cabeleireiro (m)	վարսահարդար	[varsahardár]
carteiro (m)	փոստատար	[pʰostatár]
vendedor (m)	վաճառող	[vačaróġ]
jardineiro (m)	այգեպան	[ajgepán]
criado (m)	աղախին	[aġaχín]
criada (f)	աղախին	[aġaχín]
empregada (f) de limpeza	հավաքարար	[havakʰarár]

88. Profissões militares e postos

soldado (m) raso	շարքային	[šarkʰajín]
sargento (m)	սերժանտ	[serʒánt]
tenente (m)	լեյտենանտ	[lejtenánt]
capitão (m)	կապիտան	[kapitán]
major (m)	մայոր	[majór]
coronel (m)	գնդապետ	[gndapét]
general (m)	գեներալ	[generál]
marechal (m)	մարշալ	[maršál]
almirante (m)	ադմիրալ	[admirál]
militar (m)	զինվորական	[zinvorakán]

soldado (m)	զինվոր	[zinvór]
oficial (m)	սպա	[spa]
comandante (m)	հրամանատար	[hramanatár]
guarda (m) de fronteira	սահմանապահ	[sahmanapáh]
operador (m) de rádio	ռադիոկապավոր	[radiokapavór]
explorador (m)	հետախույզ	[hetaχújz]
sapador-mineiro (m)	սակրավոր	[sakravór]
atirador (m)	հրաձիգ	[hradzíg]
navegador (m)	ղեկապետ	[ġekapét]

89. Oficiais. Padres

rei (m)	թագավոր	[tʰagavór]
rainha (f)	թագուհի	[tʰaguhí]
príncipe (m)	արքայազն	[arkʰajázn]
princesa (f)	արքայադուստր	[arkʰajadústr]
czar (m)	թագավոր	[tʰagavór]
czarina (f)	թագուհի	[tʰaguhí]
presidente (m)	նախագահ	[naχagáh]
ministro (m)	նախարար	[naχarár]
primeiro-ministro (m)	վարչապետ	[varčapét]
senador (m)	սենատոր	[senatór]
diplomata (m)	դիվանագետ	[divanagét]
cônsul (m)	հյուպատոս	[hjupatós]
embaixador (m)	դեսպան	[despán]
conselheiro (m)	խորհրդական	[χorhrdakán]
funcionário (m)	պետական պաշտոնյա	[petakán paštonjá]
prefeito (m)	ոստիկանապետ	[vostikanapét]
Presidente (m) da Câmara	քաղաքապետ	[kʰaġakapét]
juiz (m)	դատավոր	[datavór]
procurador (m)	դատախազ	[dataχáz]
missionário (m)	միսիոներ	[misionér]
monge (m)	վանական	[vanakán]
abade (m)	աբբատ	[abbát]
rabino (m)	ռավվին	[ravvín]
vizir (m)	վեզիր	[vezír]
xá (m)	շահ	[šah]
xeique (m)	շեյխ	[šejχ]

90. Profissões agrícolas

abelheiro (m)	մեղվապահ	[meġvapáh]
pastor (m)	հովիվ	[hovív]

agrônomo (m)	ագրոնոմ	[agronóm]
criador (m) de gado	անասնաբույծ	[anasnabújʦ]
veterinário (m)	անասնաբույժ	[anasnabújʒ]
agricultor, fazendeiro (m)	ֆերմեր	[fermér]
vinicultor (m)	գինեգործ	[ginegórʦ]
zoólogo (m)	կենդանաբան	[kendanabán]
vaqueiro (m)	կովբոյ	[kovbój]

91. Profissões artísticas

ator (m)	դերասան	[derasán]
atriz (f)	դերասանուհի	[derasanuhí]
cantor (m)	երգիչ	[ergíč]
cantora (f)	երգչուհի	[ergčuhí]
bailarino (m)	պարող	[paróġ]
bailarina (f)	պարուհի	[paruhí]
artista (m)	դերասան	[derasán]
artista (f)	դերասանուհի	[derasanuhí]
músico (m)	երաժիշտ	[eraʒíšt]
pianista (m)	դաշնակահար	[dašnakahár]
guitarrista (m)	կիթառահար	[kitʰarahár]
maestro (m)	դիրիժոր	[diriʒor]
compositor (m)	կոմպոզիտոր	[kompozitór]
empresário (m)	իմպրեսարիո	[impresário]
diretor (m) de cinema	ռեժիսոր	[reʒisjor]
produtor (m)	պրոդյուսեր	[prodjusér]
roteirista (m)	սցենարի հեղինակ	[sʦʰenarí heġinák]
crítico (m)	քննադատ	[kʰnnadát]
escritor (m)	գրող	[groġ]
poeta (m)	բանաստեղծ	[banastéġʦ]
escultor (m)	քանդակագործ	[kʰandakagórʦ]
pintor (m)	նկարիչ	[nkaríč]
malabarista (m)	ձեռնածու	[ʣernaʦú]
palhaço (m)	ծաղրածու	[ʦaġraʦú]
acrobata (m)	ակրոբատ	[akrobát]
ilusionista (m)	աճպարար	[ačparár]

92. Várias profissões

médico (m)	բժիշկ	[bʒišk]
enfermeira (f)	բուժքույր	[buʒkʰújr]
psiquiatra (m)	հոգեբույժ	[hogebújʒ]
dentista (m)	ատամնաբույժ	[atamnabújʒ]

cirurgião (m)	վիրաբույժ	[virabúj ʒ]
astronauta (m)	աստղանավորդ	[astġanavórd]
astrônomo (m)	աստղագետ	[astġagét]
piloto (m)	օդաչու	[odačú]
motorista (m)	վարորդ	[varórd]
maquinista (m)	մեքենավար	[mekʰenavár]
mecânico (m)	մեխանիկ	[meχaník]
mineiro (m)	հանքափոր	[hankʰapʰór]
operário (m)	բանվոր	[banvór]
serralheiro (m)	փականագործ	[pʰakanagórʦ]
marceneiro (m)	ատաղձագործ	[ataġʣagórʦ]
torneiro (m)	խառատ	[χarát]
construtor (m)	շինարար	[šinarár]
soldador (m)	զոդագործ	[zodagórʦ]
professor (m)	պրոֆեսոր	[profesór]
arquiteto (m)	ճարտարապետ	[čartarapét]
historiador (m)	պատմաբան	[patmabán]
cientista (m)	գիտնական	[gitnakán]
físico (m)	ֆիզիկոս	[fizikós]
químico (m)	քիմիկոս	[kʰimikós]
arqueólogo (m)	հնագետ	[hnagét]
geólogo (m)	երկրաբան	[erkrabán]
pesquisador (cientista)	հետազոտող	[hetazotóġ]
babysitter, babá (f)	դայակ	[daják]
professor (m)	մանկավարժ	[mankaváržʒ]
redator (m)	խմբագիր	[χmbagír]
redator-chefe (m)	գլխավոր խմբագիր	[glχavór χmbagír]
correspondente (m)	թղթակից	[tʰġtʰakíʦʰ]
datilógrafa (f)	մեքենագրուհի	[mekʰenagruhí]
designer (m)	դիզայներ	[dizajnér]
especialista (m) em informática	համակարգչի մասնագետ	[hamakargčí masnagét]
programador (m)	ծրագրավորող	[ʦragravoróġ]
engenheiro (m)	ինժեներ	[inʒenér]
marujo (m)	ծովային	[ʦovajín]
marinheiro (m)	նավաստի	[navastí]
socorrista (m)	փրկարար	[pʰrkarár]
bombeiro (m)	հրշեջ	[hršeʤ]
polícia (m)	ոստիկան	[vostikán]
guarda-noturno (m)	պահակ	[pahák]
detetive (m)	խուզարկու	[χuzarkú]
funcionário (m) da alfândega	մաքսավոր	[makʰsavór]
guarda-costas (m)	թիկնապահ	[tʰiknapáh]
guarda (m) prisional	պահակ	[pahák]
inspetor (m)	տեսուչ	[tesúč]
esportista (m)	մարզիկ	[marzík]

treinador (m)	մարզիչ	[marzíč]
açougueiro (m)	մսավաճառ	[msavačár]
sapateiro (m)	կոշկակար	[koškakár]
comerciante (m)	առևտրական	[arevtrakán]
carregador (m)	բեռնակիր	[bernakír]
estilista (m)	մոդելյեր	[modelér]
modelo (f)	մոդել	[modél]

93. Ocupações. Estatuto social

estudante (~ de escola)	աշակերտ	[ašakért]
estudante (~ universitária)	ուսանող	[usanóġ]
filósofo (m)	փիլիսոփա	[pʰilisopá]
economista (m)	տնտեսագետ	[tntesagét]
inventor (m)	գյուտարար	[gjutarár]
desempregado (m)	գործազուրկ	[gorʦazúrk]
aposentado (m)	թոշակառու	[tʰošakarú]
espião (m)	լրտես	[lrtes]
preso, prisioneiro (m)	բանտարկյալ	[bantarkjál]
grevista (m)	գործադուլավոր	[gorʦadulavór]
burocrata (m)	բյուրոկրատ	[bjurokrát]
viajante (m)	ճանապարհորդ	[čanaparhórd]
homossexual (m)	համասեռամոլ	[hamaseramól]
hacker (m)	խակեր	[χakér]
bandido (m)	ավազակ	[avazák]
assassino (m)	վարձու մարդասպան	[varʣú mardaspán]
drogado (m)	թմրամոլ	[tʰmramól]
traficante (m)	թմրավաճառ	[tʰmravačár]
prostituta (f)	պոռնիկ	[porník]
cafetão (m)	կավատ	[kavát]
bruxo (m)	կախարդ	[kaχárd]
bruxa (f)	կախարդուհի	[kaχarduhí]
pirata (m)	ծովահեն	[ʦovahén]
escravo (m)	ստրուկ	[struk]
samurai (m)	սամուրայ	[samurái]
selvagem (m)	վայրագ	[vajrág]

Educação

94. Escola

escola (f)	դպրոց	[dproʦʰ]
diretor (m) de escola	դպրոցի տնօրեն	[dproʦʰí tnorén]
aluno (m)	աշակերտ	[ašakért]
aluna (f)	աշակերտուհի	[ašakertuhí]
estudante (m)	աշակերտ	[ašakért]
estudante (f)	դպրոցական	[dproʦʰakán]
ensinar (vt)	դասավանդել	[dasavandél]
aprender (vt)	սովորել	[sovorél]
decorar (vt)	անգիր անել	[angír anél]
estudar (vi)	սովորել	[sovorél]
estar na escola	սովորել	[sovorél]
ir à escola	դպրոց գնալ	[dpróʦʰ gnal]
alfabeto (m)	այբուբեն	[ajbubén]
disciplina (f)	առարկա	[ararká]
sala (f) de aula	դասարան	[dasarán]
lição, aula (f)	դաս	[das]
recreio (m)	դասամիջոց	[dasamiʤóʦʰ]
toque (m)	զանգ	[zang]
classe (f)	դասասեղան	[dasaseġán]
quadro (m) negro	գրատախտակ	[grataχták]
nota (f)	թվանշան	[tʰvanšán]
boa nota (f)	լավ թվանշան	[lav tʰvanšán]
nota (f) baixa	վատ թվանշան	[vat tʰvanšán]
dar uma nota	թվանշան նշանակել	[tʰvanšán nšanakél]
erro (m)	սխալ	[sχal]
errar (vi)	սխալներ թույլ տալ	[sχalnér tʰujl tal]
corrigir (~ um erro)	ուղղել	[uġġél]
cola (f)	ծածկաթերթիկ	[ʦaʦkatʰertík]
dever (m) de casa	տնային առաջադրանք	[tnajín araʤadránkʰ]
exercício (m)	վարժություն	[varʒutʰjún]
estar presente	ներկա լինել	[nerká linél]
estar ausente	բացակայել	[baʦʰakaél]
punir (vt)	պատժել	[patʒél]
punição (f)	պատիժ	[patíʒ]
comportamento (m)	վարք	[varkʰ]

boletim (m) escolar	օրագիր	[oragír]
lápis (m)	մատիտ	[matít]
borracha (f)	ռետին	[retín]
giz (m)	կավիճ	[kavíč]
porta-lápis (m)	գրչատուփ	[grčatúpʰ]
mala, pasta, mochila (f)	դասապայուսակ	[dasapajusák]
caneta (f)	գրիչ	[grič]
caderno (m)	տետր	[tetr]
livro (m) didático	դասագիրք	[dasagírkʰ]
compasso (m)	կարկին	[karkín]
traçar (vt)	գծագրել	[gʦagrél]
desenho (m) técnico	գծագիր	[gʦagír]
poesia (f)	բանաստեղծություն	[banasteġʦutʰjún]
de cor	անգիր	[angír]
decorar (vt)	անգիր անել	[angír anél]
férias (f pl)	արձակուրդներ	[arʣakurdnér]
estar de férias	արձակուրդների մեջ լինել	[arʣakurdnerí méʤ linél]
teste (m), prova (f)	ստուգողական աշխատանք	[stugoġakán ašχatánkʰ]
redação (f)	շարադրություն	[šaradrutʰjún]
ditado (m)	թելադրություն	[tʰeladrutʰjún]
exame (m), prova (f)	քննություն	[kʰnnutʰjún]
fazer prova	քննություն հանձնել	[kʰnnutʰjún hanʣnél]
experiência (~ química)	փորձ	[pʰorʣ]

95. Colégio. Universidade

academia (f)	ակադեմիա	[akadémia]
universidade (f)	համալսարան	[hamalsarán]
faculdade (f)	ֆակուլտետ	[fakultét]
estudante (m)	ուսանող	[usanóġ]
estudante (f)	ուսանողուհի	[usanoġuhí]
professor (m)	դասախոս	[dasaχós]
auditório (m)	լսարան	[lsarán]
graduado (m)	շրջանավարտ	[šrʤanavárt]
diploma (m)	դիպլոմ	[diplóm]
tese (f)	դիսերտացիա	[disertáʦʰia]
estudo (obra)	հետազոտություն	[hetazotutʰjún]
laboratório (m)	լաբորատորիա	[laboratória]
palestra (f)	դասախոսություն	[dasaχosutʰjún]
colega (m) de curso	համակուրսեցի	[hamakurseʦʰí]
bolsa (f) de estudos	կրթաթոշակ	[krtʰatʰošák]
grau (m) acadêmico	գիտական աստիճան	[gitakán astičán]

96. Ciências. Disciplinas

matemática (f)	մաթեմատիկա	[matʰemátika]
álgebra (f)	հանրահաշիվ	[hanrahašív]
geometria (f)	երկրաչափություն	[erkračapʰutʰjún]
astronomia (f)	աստղագիտություն	[astġagitutʰjún]
biologia (f)	կենսաբանություն	[kensabanutʰjún]
geografia (f)	աշխարհագրություն	[ašχarhagrutʰjún]
geologia (f)	երկրաբանություն	[erkrabanutʰjún]
história (f)	պատմություն	[patmutʰjún]
medicina (f)	բժշկություն	[bʒškutʰjún]
pedagogia (f)	մանկավարժություն	[mankavarʒutʰjún]
direito (m)	իրավունք	[iravúnkʰ]
física (f)	ֆիզիկա	[fízika]
química (f)	քիմիա	[kʰímia]
filosofia (f)	փիլիսոփայություն	[pʰilisopajutʰjún]
psicologia (f)	հոգեբանություն	[hogebanutʰjún]

97. Sistema de escrita. Ortografia

gramática (f)	քերականություն	[kʰerakanutʰjún]
vocabulário (m)	բառագիտություն	[baragitutʰjún]
fonética (f)	հնչյունաբանություն	[hnčjunabanutʰjún]
substantivo (m)	գոյական	[gojakán]
adjetivo (m)	ածական	[aʦakán]
verbo (m)	բայ	[baj]
advérbio (m)	մակբայ	[makbáj]
pronome (m)	դերանուն	[deranún]
interjeição (f)	ձայնարկություն	[ʣajnarkutʰjún]
preposição (f)	նախդիր	[naχdír]
raiz (f)	արմատ	[armát]
terminação (f)	վերջավորություն	[verʤavorutʰjún]
prefixo (m)	նախածանց	[naχaʦánʦʰ]
sílaba (f)	վանկ	[vank]
sufixo (m)	վերջածանց	[verʤaʦánʦʰ]
acento (m)	շեշտ	[šešt]
apóstrofo (f)	ապաթարց	[apatʰárʦʰ]
ponto (m)	վերջակետ	[verʤakét]
vírgula (f)	ստորակետ	[storakét]
ponto e vírgula (m)	միջակետ	[miʤakét]
dois pontos (m pl)	բութ	[butʰ]
reticências (f pl)	բազմակետ	[bazmakét]
ponto (m) de interrogação	հարցական նշան	[harʦʰakán nšan]
ponto (m) de exclamação	բացականչական նշան	[baʦʰakančakán nšán]

aspas (f pl)	չակերտներ	[čakertnér]
entre aspas	չակերտների մեջ	[čakertnerí méʤ]
parênteses (m pl)	փակագծեր	[pʰakagʦér]
entre parênteses	փակագծերի մեջ	[pʰakagʦerí meʤ]
hífen (m)	միացման գիծ	[miaʦʰmán giʦ]
travessão (m)	անջատման գիծ	[anʤatmán gíʦ]
espaço (m)	բաց	[baʦʰ]
letra (f)	տառ	[tar]
letra (f) maiúscula	մեծատառ	[meʦatár]
vogal (f)	ձայնավոր	[ʣajnavór]
consoante (f)	բաղաձայն	[bağaʣájn]
frase (f)	նախադասություն	[naχadasutʰjún]
sujeito (m)	ենթակա	[entʰaká]
predicado (m)	ստորոգյալ	[storogjál]
linha (f)	տող	[toğ]
em uma nova linha	նոր տողից	[nor toğíʦʰ]
parágrafo (m)	պարբերություն	[parberutʰjún]
palavra (f)	բառ	[bar]
grupo (m) de palavras	բառակապակցություն	[barakapakʦʰutʰjún]
expressão (f)	արտահայտություն	[artahajtutʰjún]
sinônimo (m)	հոմանիշ	[homaníš]
antônimo (m)	հականիշ	[hakaníš]
regra (f)	կանոն	[kanón]
exceção (f)	բացառություն	[baʦʰarutʰjún]
correto (adj)	ճիշտ	[čišt]
conjugação (f)	խոնարհում	[χonarhúm]
declinação (f)	հոլովում	[holovúm]
caso (m)	հոլով	[holóv]
pergunta (f)	հարց	[harʦʰ]
sublinhar (vt)	ընդգծել	[əndgʦél]
linha (f) pontilhada	կետագիծ	[ketagíʦ]

98. Línguas estrangeiras

língua (f)	լեզու	[lezú]
língua (f) estrangeira	օտար լեզու	[otár lezú]
estudar (vt)	ուսումնասիրել	[usumnasirél]
aprender (vt)	սովորել	[sovorél]
ler (vt)	կարդալ	[kardál]
falar (vi)	խոսել	[χosél]
entender (vt)	հասկանալ	[haskanál]
escrever (vt)	գրել	[grel]
rapidamente	արագ	[arág]
devagar, lentamente	դանդաղ	[dandáğ]

fluentemente	ազատ	[azát]
regras (f pl)	կանոն	[kanón]
gramática (f)	քերականություն	[kʰerakanutʰjún]
vocabulário (m)	բառագիտություն	[baragitutʰjún]
fonética (f)	հնչյունաբանություն	[hnčjunabanutʰjún]
livro (m) didático	դասագիրք	[dasagírkʰ]
dicionário (m)	բառարան	[bararán]
manual (m) autodidático	ինքնուսույց	[inkʰnusújʦʰ]
guia (m) de conversação	զրուցարան	[zruʦʰarán]
fita (f) cassete	ձայներիզ	[ʣajneríz]
videoteipe (m)	տեսաերիզ	[tesaeríz]
CD (m)	խտասկավառակ	[χtaskavarák]
DVD (m)	DVD-սկավառակ	[dividí skavarák]
alfabeto (m)	այբուբեն	[ajbubén]
soletrar (vt)	տառերով արտասանել	[tareróv artasanél]
pronúncia (f)	արտասանություն	[artasanutʰjún]
sotaque (m)	ակցենտ	[akʦʰént]
com sotaque	ակցենտով	[akʦʰentóv]
sem sotaque	առանց ակցենտ	[aránʦʰ akʦʰént]
palavra (f)	բառ	[bar]
sentido (m)	իմաստ	[imást]
curso (m)	դասընթաց	[dasəntʰáʦʰ]
inscrever-se (vr)	գրանցվել	[granʦʰvél]
professor (m)	ուսուցիչ	[usuʦʰíč]
tradução (processo)	թարգմանություն	[tʰargmanutʰjún]
tradução (texto)	թարգմանություն	[tʰargmanutʰjún]
tradutor (m)	թարգմանիչ	[tʰargmaníč]
intérprete (m)	թարգմանիչ	[tʰargmaníč]
poliglota (m)	պոլիգլոտ	[poliglót]
memória (f)	հիշողություն	[hišoġutʰjún]

Descanso. Entretenimento. Viagens

99. Viagens

turismo (m)	զբոսաշրջություն	[zbosašrdʒutʰjún]
turista (m)	զբոսաշրջիկ	[zbosašrdʒík]
viagem (f)	ճանապարհորդություն	[čanaparhordutʰjún]
aventura (f)	արկած	[arkáʦ]
percurso (curta viagem)	ուղևորություն	[uġevorutʰjún]
férias (f pl)	արձակուրդ	[ardzakúrd]
estar de férias	արձակուրդի մեջ լինել	[ardzakurdí médʒ linél]
descanso (m)	հանգիստ	[hangíst]
trem (m)	գնացք	[gnaʦʰkʰ]
de trem (chegar ~)	գնացքով	[gnaʦʰkʰóv]
avião (m)	ինքնաթիռ	[inkʰnatʰír]
de avião	ինքնաթիռով	[inkʰnatʰiróv]
de carro	ավտոմեքենայով	[avtomekʰenajóv]
de navio	նավով	[navóv]
bagagem (f)	ուղեբեռ	[uġebér]
mala (f)	ճամպրուկ	[čamprúk]
carrinho (m)	սայլակ	[sajlák]
passaporte (m)	անձնագիր	[andznagír]
visto (m)	վիզա	[víza]
passagem (f)	տոմս	[toms]
passagem (f) aérea	ավիատոմս	[aviatóms]
guia (m) de viagem	ուղեցույց	[uġeʦʰújʦʰ]
mapa (m)	քարտեզ	[kʰartéz]
área (f)	տեղանք	[teġánkʰ]
lugar (m)	տեղ	[teġ]
exotismo (m)	էկզոտիկա	[ēkzótika]
exótico (adj)	էկզոտիկ	[ēkzotík]
surpreendente (adj)	զարմանահրաշ	[zarmanahráš]
grupo (m)	խումբ	[χumb]
excursão (f)	էքսկուրսիա	[ēkʰskúrsia]
guia (m)	էքսկուրսավար	[ēkʰskursavár]

100. Hotel

hotel (m)	հյուրանոց	[hjuranóʦʰ]
motel (m)	մոթել	[motʰél]
três estrelas	երեք աստղանի	[erékʰ astġaní]

cinco estrelas	**հինգ աստղանի**	[hing astġaní]
ficar (vi, vt)	**կանգ առնել**	[káng arnél]
quarto (m)	**համար**	[hamár]
quarto (m) individual	**մեկտեղանի համար**	[mekteġaní hamár]
quarto (m) duplo	**երկտեղանի համար**	[erkteġaní hamár]
reservar um quarto	**համար ամրագրել**	[hamár amragrél]
meia pensão (f)	**կիսագիշերօթիկ**	[kisagišerotʰík]
pensão (f) completa	**լրիվ գիշերօթիկ**	[lrív gišerotʰík]
com banheira	**լոգարանով**	[logaranóv]
com chuveiro	**դուշով**	[dušóv]
televisão (m) por satélite	**արբանյակային հեռուստատեսություն**	[arbanjakajín herustatesutʰjún]
ar (m) condicionado	**օդորակիչ**	[odorakíč]
toalha (f)	**սրբիչ**	[srbič]
chave (f)	**բանալի**	[banalí]
administrador (m)	**ադմինիստրատոր**	[administrátor]
camareira (f)	**սպասավորուհի**	[spasavoruhí]
bagageiro (m)	**բեռնակիր**	[bernakír]
porteiro (m)	**դռնապահ**	[drnapáh]
restaurante (m)	**ռեստորան**	[restorán]
bar (m)	**բար**	[bar]
café (m) da manhã	**նախաճաշ**	[naχačáš]
jantar (m)	**ընթրիք**	[əntʰríkʰ]
bufê (m)	**շվեդական սեղան**	[švedakán seġán]
elevador (m)	**վերելակ**	[verelák]
NÃO PERTURBE	**ՉԱՆՀԱՆԳՍՏԱՑՆԵԼ**	[čanhangstatsʰnél]
PROIBIDO FUMAR!	**ՉԾԽԵԼ**	[čtsχél!]

EQUIPAMENTO TÉCNICO. TRANSPORTES

Equipamento técnico. Transportes

101. Computador

computador (m)	համակարգիչ	[hamakargíč]
computador (m) portátil	նոութբուք	[noutʰbúkʰ]
ligar (vt)	միացնել	[miatsʰnél]
desligar (vt)	անջատել	[andʒatél]
teclado (m)	ստեղնաշար	[steġnašár]
tecla (f)	ստեղն	[steġn]
mouse (m)	մուկ	[muk]
tapete (m) para mouse	գորգ	[gorg]
botão (m)	կոճակ	[kočák]
cursor (m)	սլաք	[slakʰ]
monitor (m)	մոնիտոր	[monitór]
tela (f)	էկրան	[ēkrán]
disco (m) rígido	կոշտ սկավառակակիր	[košt skavarakakír]
capacidade (f) do disco rígido	կոշտ սկավառակրի ծավալը	[košt skavarakrí tsaválə]
memória (f)	հիշողություն	[hišoġutʰjún]
memória RAM (f)	օպերատիվ հիշողություն	[operatív hišoġutʰjún]
arquivo (m)	ֆայլ	[fajl]
pasta (f)	թղթապանակ	[tʰġtʰapanák]
abrir (vt)	բացել	[batsʰél]
fechar (vt)	փակել	[pʰakél]
salvar (vt)	գրանցել	[grantsʰél]
deletar (vt)	հեռացնել	[heratsʰnél]
copiar (vt)	պատճենել	[patčenél]
ordenar (vt)	սորտավորել	[sortavorél]
copiar (vt)	արտատպել	[artatpél]
programa (m)	ծրագիր	[tsragír]
software (m)	ծրագրային ապահովում	[tsragrajín apahovúm]
programador (m)	ծրագրավորող	[tsragravoróġ]
programar (vt)	ծրագրավորել	[tsragravorél]
hacker (m)	խակեր	[χakér]
senha (f)	անցագիր	[antsʰagír]
vírus (m)	վիրուս	[virús]
detectar (vt)	հայտնաբերել	[hajtnaberél]
byte (m)	բայթ	[bajt]

megabyte (m)	մեգաբայտ	[megabájt]
dados (m pl)	տվյալներ	[tvjalnér]
base (f) de dados	տվյալների բազա	[tvjalnerí báza]
cabo (m)	մալուխ	[malúχ]
desconectar (vt)	անջատել	[andʒatél]
conectar (vt)	միացնել	[miatsʰnél]

102. Internet. E-mail

internet (f)	ինտերնետ	[internét]
browser (m)	ցանցախույզ	[tsʰantsʰaχújz]
motor (m) de busca	որոնիչ համակարգ	[voroníč hamakárg]
provedor (m)	պրովայդեր	[provajdér]
webmaster (m)	վեբ-մաստեր	[veb máster]
website (m)	ինտերնետային կայք	[internetajín kajkʰ]
web page (f)	ինտերնետային էջ	[internetajín ēdʒ]
endereço (m)	հասցե	[hastsʰé]
livro (m) de endereços	հասցեների գրքույկ	[hastsʰenerí grkʰújk]
caixa (f) de correio	փոստարկղ	[pʰostárkġ]
correio (m)	փոստ	[pʰost]
mensagem (f)	հաղորդագրություն	[haġordagrutʰjún]
remetente (m)	ուղարկող	[uġarkóġ]
enviar (vt)	ուղարկել	[uġarkél]
envio (m)	ուղարկում	[uġarkúm]
destinatário (m)	ստացող	[statsʰóġ]
receber (vt)	ստանալ	[stanál]
correspondência (f)	նամակագրություն	[namakagrutʰjún]
corresponder-se (vr)	նամակագրական կապի մեջ լինել	[namakagrakán kapí médʒ linél]
arquivo (m)	ֆայլ	[fajl]
fazer download, baixar (vt)	քաշել	[kʰašél]
criar (vt)	ստեղծել	[steġtsél]
deletar (vt)	հեռացնել	[heratsʰnél]
deletado (adj)	հեռացված	[heratsʰváts]
conexão (f)	կապ	[kap]
velocidade (f)	արագություն	[aragutʰjún]
modem (m)	մոդեմ	[modém]
acesso (m)	մուտք	[mutkʰ]
porta (f)	մուտ	[mut]
conexão (f)	միացում	[miatsʰúm]
conectar (vi)	միանալ	[mianál]
escolher (vt)	ընտրել	[əntrél]
buscar (vt)	փնտրել	[pʰntrel]

103. Eletricidade

eletricidade (f)	էլեկտրականություն	[ēlektrakanut^{h}jún]
elétrico (adj)	էլեկտրական	[ēlektrakán]
planta (f) elétrica	էլեկտրակայան	[ēlektrakaján]
energia (f)	էներգիա	[ēnérgia]
energia (f) elétrica	էլեկտրաէներգիա	[ēlektraēnérgia]
lâmpada (f)	լամպ	[lamp]
lanterna (f)	լապտեր	[laptér]
poste (m) de iluminação	լուսարձակ	[lusardzák]
luz (f)	լույս	[lujs]
ligar (vt)	միացնել	[miats^{h}nél]
desligar (vt)	անջատել	[andʒatél]
apagar a luz	լույսը հանգցնել	[lújsə hangts^{h}nél]
queimar (vi)	վառվել	[varél]
curto-circuito (m)	կարճ միացում	[karč miats^{h}úm]
ruptura (f)	կտրվածք	[ktrvatsk^h]
contato (m)	միացում	[miats^{h}úm]
interruptor (m)	անջատիչ	[andʒatíč]
tomada (de parede)	վարդակ	[vardák]
plugue (m)	խրոց	[χrots^h]
extensão (f)	երկարացուցիչ	[erkarats^{h}uts^{h}íč]
fusível (m)	ապահովիչ	[apahovíč]
fio, cabo (m)	լար	[lar]
instalação (f) elétrica	էլեկտրացանց	[ēlektrats^{h}ánts^h]
ampère (m)	ամպեր	[ampér]
amperagem (f)	հոսանքի ուժը	[hosank^{h}í úʒə]
volt (m)	վոլտ	[volt]
voltagem (f)	լարում	[larúm]
aparelho (m) elétrico	էլեկտրական սարք	[ēlektrakán sárk^h]
indicador (m)	ինդիկատոր	[indikátor]
eletricista (m)	էլեկտրիկ	[ēlektrík]
soldar (vt)	զոդել	[zodél]
soldador (m)	զոդիչ	[zodíč]
corrente (f) elétrica	հոսանք	[hosánk^h]

104. Ferramentas

ferramenta (f)	գործիք	[gortsík^h]
ferramentas (f pl)	գործիքներ	[gortsik^{h}nér]
equipamento (m)	սարքավորում	[sark^{h}avorúm]
martelo (m)	մուրճ	[murč]
chave (f) de fenda	պտուտակահան	[ptutakahán]
machado (m)	կացին	[kats^{h}ín]

serra (f)	սղոց	[sġoʦ^h]
serrar (vt)	սղոցել	[sġoʦ^{h}él]
plaina (f)	ռանդ	[rand]
aplainar (vt)	ռանդել	[randél]
soldador (m)	զոդիչ	[zodíč]
soldar (vt)	զոդել	[zodél]
lima (f)	խարտոց	[χartóʦ^h]
tenaz (f)	ունելի	[unelí]
alicate (m)	տափակաբերան աքցան	[tap^{h}akaberán ak^{h}ʦ^{h}án]
formão (m)	դուր	[dur]
broca (f)	գայլիկոն	[gajlikón]
furadeira (f) elétrica	շաղափիչ	[šaġap^{h}íč]
furar (vt)	գայլիկոնել	[gajlikonél]
faca (f)	դանակ	[danák]
lâmina (f)	շեղբ	[šeġb]
afiado (adj)	սուր	[sur]
cego (adj)	բութ	[but^h]
embotar-se (vr)	բթանալ	[bt^{h}anál]
afiar, amolar (vt)	սրել	[srel]
parafuso (m)	հեղույս	[heġújs]
porca (f)	պտուտակամեր	[ptutakamér]
rosca (f)	պարուրակ	[parurák]
parafuso (para madeira)	պտուտամեխ	[ptutaméχ]
prego (m)	մեխ	[meχ]
cabeça (f) do prego	գլուխ	[gluχ]
régua (f)	քանոն	[k^{h}anón]
fita (f) métrica	չափերիզ	[čap^{h}eríz]
nível (m)	մակարդակ	[makardák]
lupa (f)	խոշորացույց	[χošoraʦ^{h}újʦ^h]
medidor (m)	չափող գործիք	[čap^{h}óġ gorʦík^h]
medir (vt)	չափել	[čap^{h}él]
escala (f)	սանդղակ	[sandġák]
indicação (f), registro (m)	ցուցմունք	[ʦ^{h}uʦ^{h}múnk^h]
compressor (m)	կոմպրեսոր	[kompresór]
microscópio (m)	մանրադիտակ	[manraditák]
bomba (f)	պոմպ	[pomp]
robô (m)	ռոբոտ	[robót]
laser (m)	լազեր	[lazér]
chave (f) de boca	մանեկադարձակ	[manekadarʣák]
fita (f) adesiva	կպչուն ժապավեն	[kpčún ʒapavén]
cola (f)	սոսինձ	[sosínʣ]
lixa (f)	շուշաթուղթ	[šušat^{h}úġt^h]
mola (f)	զսպանակ	[zspanák]
ímã (m)	մագնիս	[magnís]

luva (f)	ձեռնոցներ	[dzernotsʰnér]
corda (f)	պարան	[parán]
cabo (~ de nylon, etc.)	առասան	[arasán]
fio (m)	լար	[lar]
cabo (~ elétrico)	մալուխ	[malúχ]
marreta (f)	կռան	[kran]
pé de cabra (m)	լինգ	[ling]
escada (f) de mão	աստիճան	[astičán]
escada (m)	աստիճան	[astičán]
enroscar (vt)	պտուտակել, ձգել	[ptutakél, dzgel]
desenroscar (vt)	ետ պտտացնել	[et pttatsʰnél]
apertar (vt)	սեղմել	[seġmél]
colar (vt)	կպցնել	[kptsʰnel]
cortar (vt)	կտրել	[ktrel]
falha (f)	անսարքություն	[ansarkʰutʰjún]
conserto (m)	նորոգում	[norogúm]
consertar, reparar (vt)	վերանորոգել	[veranorogél]
regular, ajustar (vt)	կարգավորել	[kargavorél]
verificar (vt)	ստուգել	[stugél]
verificação (f)	ստուգում	[stugúm]
indicação (f), registro (m)	ցուցմունք	[tsʰutsʰmúnkʰ]
seguro (adj)	հուսալի	[husalí]
complicado (adj)	բարդ	[bard]
enferrujar (vi)	ժանգոտել	[ʒangotél]
enferrujado (adj)	ժանգոտ	[ʒangót]
ferrugem (f)	ժանգ	[ʒang]

Transportes

105. Avião

avião (m)	ինքնաթիռ	[inkʰnatʰír]
passagem (f) aérea	ավիատոմս	[aviatóms]
companhia (f) aérea	ավիաընկերություն	[aviaənkerutʰjún]
aeroporto (m)	օդանավակայան	[odanavakaján]
supersônico (adj)	գերձայնային	[gerdzajnajín]
comandante (m) do avião	օդանավի հրամանատար	[odanaví hramanatár]
tripulação (f)	անձնակազմ	[andznakázm]
piloto (m)	օդաչու	[odačú]
aeromoça (f)	ուղեկցորդուհի	[uġektsʰorduhí]
copiloto (m)	ղեկապետ	[ġekapét]
asas (f pl)	թևեր	[tʰevér]
cauda (f)	պոչ	[poč]
cabine (f)	խցիկ	[χtsʰik]
motor (m)	շարժիչ	[šarʒíč]
trem (m) de pouso	շասսի	[šassí]
turbina (f)	տուրբին	[turbín]
hélice (f)	պրոպելլեր	[propellér]
caixa-preta (f)	սև արկղ	[sev árkġ]
coluna (f) de controle	ղեկանիվ	[ġekanív]
combustível (m)	վառելիք	[varelíkʰ]
instruções (f pl) de segurança	ձեռնարկ	[dzernárk]
máscara (f) de oxigênio	թթվածնային դիմակ	[tʰtʰvatsnajín dimák]
uniforme (m)	համազգեստ	[hamazgést]
colete (m) salva-vidas	փրկագոտի	[pʰrkagotí]
paraquedas (m)	պարաշյուտ	[parašjút]
decolagem (f)	թռիչք	[tʰričkʰ]
descolar (vi)	թռնել	[tʰrnel]
pista (f) de decolagem	թռիչքուղի	[tʰričkʰuġí]
visibilidade (f)	տեսանելիություն	[tesaneliutʰjún]
voo (m)	թռիչք	[tʰričkʰ]
altura (f)	բարձրություն	[bardzrutʰjún]
poço (m) de ar	օդային փոս	[odajín pʰós]
assento (m)	տեղ	[teġ]
fone (m) de ouvido	ականջակալներ	[akandʒakalnér]
mesa (f) retrátil	բացվող սեղանիկ	[batsʰvóġ seġaník]
janela (f)	իլյումինատոր	[iljuminátor]
corredor (m)	անցուղի	[antsʰuġí]

106. Comboio

trem (m)	գնացք	[gnaʦʰkʰ]
trem (m) elétrico	էլեկտրագնացք	[ēlektragnáʦʰkʰ]
trem (m)	արագընթաց գնացք	[aragəntʰáʦʰ gnáʦʰkʰ]
locomotiva (f) diesel	ջերմաքարշ	[ʤermakʰárš]
locomotiva (f) a vapor	շոգեքարշ	[šokekʰárš]
vagão (f) de passageiros	վագոն	[vagón]
vagão-restaurante (m)	վագոն-ռեստորան	[vagón restorán]
carris (m pl)	գծեր	[gʦer]
estrada (f) de ferro	երկաթգիծ	[erkatʰgíʦ]
travessa (f)	կոճ	[koč]
plataforma (f)	կառամատույց	[karamatújʦʰ]
linha (f)	ուղի	[uġí]
semáforo (m)	նշանասյուն	[nšanasjún]
estação (f)	կայարան	[kajarán]
maquinista (m)	մեքենավար	[mekʰenavár]
bagageiro (m)	բեռնակիր	[bernakír]
hospedeiro, -a (m, f)	ուղեկից	[uġekíʦʰ]
passageiro (m)	ուղևոր	[uġevór]
revisor (m)	հսկիչ	[hskič]
corredor (m)	միջանցք	[miʤánʦʰkʰ]
freio (m) de emergência	ավտոմատ կանգառման սարք	[avtomát kangarmán sárkʰ]
compartimento (m)	կուպե	[kupé]
cama (f)	մահճակ	[mahčák]
cama (f) de cima	վերևի մահճակատեղ	[vereví mahčakatéġ]
cama (f) de baixo	ներքևի մահճակատեղ	[nerkʰeví mahčakatéġ]
roupa (f) de cama	անկողին	[ankoġín]
passagem (f)	տոմս	[toms]
horário (m)	չվացուցակ	[čvaʦʰuʦʰák]
painel (m) de informação	ցուցատախտակ	[ʦʰuʦʰataχták]
partir (vt)	մեկնել	[meknél]
partida (f)	մեկնում	[meknúm]
chegar (vi)	ժամանել	[ʒamanél]
chegada (f)	ժամանում	[ʒamanúm]
chegar de trem	ժամանել գնացքով	[ʒamanél gnaʦʰkʰóv]
pegar o trem	գնացք նստել	[gnáʦʰkʰ nstel]
descer de trem	գնացքից իջնել	[gnaʦʰkʰíʦʰ iʤnél]
acidente (m) ferroviário	խորտակում	[χortakúm]
locomotiva (f) a vapor	շոգեքարշ	[šokekʰárš]
foguista (m)	հնոցապան	[hnoʦʰapán]
fornalha (f)	վառարան	[vararán]
carvão (m)	ածուխ	[aʦúχ]

107. Barco

navio (m)	նավ	[nav]
embarcação (f)	նավ	[nav]
barco (m) a vapor	շոգենավ	[šogenáv]
barco (m) fluvial	ջերմանավ	[ʤermanáv]
transatlântico (m)	լայներ	[lájner]
cruzeiro (m)	հածանավ	[hatsanáv]
iate (m)	զբոսանավ	[zbosanáv]
rebocador (m)	նավաքարշ	[navakʰárš]
barcaça (f)	բեռնանավ	[bernanáv]
ferry (m)	լաստանավ	[lastanáv]
veleiro (m)	առագաստանավ	[aragastanáv]
bergantim (m)	բրիգանտինա	[brigantína]
quebra-gelo (m)	սառցահատ	[sartsʰapát]
submarino (m)	սուզանավ	[suzanáv]
bote, barco (m)	նավակ	[navák]
baleeira (bote salva-vidas)	մակույկ	[makújk]
bote (m) salva-vidas	փրկարարական մակույկ	[pʰrkararakán makújk]
lancha (f)	մոտորանավակ	[motoranavák]
capitão (m)	նավապետ	[navapét]
marinheiro (m)	նավաստի	[navastí]
marujo (m)	ծովային	[tsovajín]
tripulação (f)	անձնակազմ	[anʣnakázm]
contramestre (m)	բոցման	[botsʰmán]
grumete (m)	նավի փոքրավոր	[naví pʰokʰravór]
cozinheiro (m) de bordo	նավի խոհարար	[naví χohárár]
médico (m) de bordo	նավի բժիշկ	[naví bʒíšk]
convés (m)	տախտակամած	[taχtakamáts]
mastro (m)	կայմ	[kajm]
vela (f)	առագաստ	[aragást]
porão (m)	նավամբար	[navambár]
proa (f)	նավաքիթ	[navakʰítʰ]
popa (f)	նավախել	[navaχél]
remo (m)	թիակ	[tʰiak]
hélice (f)	պտուտակ	[ptuták]
cabine (m)	նավասենյակ	[navasenják]
sala (f) dos oficiais	ընդհանուր նավասենյակ	[əndhanúr navasenják]
sala (f) das máquinas	մեքենաների բաժանմունք	[mekenanerí baʒanmúnkʰ]
ponte (m) de comando	նավապետի կամրջակ	[navapetí kamrʤák]
sala (f) de comunicações	ռադիոխցիկ	[radioχtsʰík]
onda (f)	ալիք	[alíkʰ]
diário (m) de bordo	նավամատյան	[navamatján]
luneta (f)	հեռադիտակ	[heraditák]
sino (m)	զանգ	[zang]

bandeira (f)	դրոշ	[droš]
cabo (m)	ճոպան	[čopán]
nó (m)	հանգույց	[hangújtsʰ]
corrimão (m)	բռնաձող	[brnadzóġ]
prancha (f) de embarque	նավասանդուղք	[navasandúġkʰ]
âncora (f)	խարիսխ	[χarísχ]
recolher a âncora	խարիսխը բարձրացնել	[χarísχə bardzratsʰnél]
jogar a âncora	խարիսխը գցել	[χarísχə gtsʰél]
amarra (corrente de âncora)	խարսխաշղթա	[χarsχašġtʰá]
porto (m)	նավահանգիստ	[navahangíst]
cais, amarradouro (m)	նավամատույց	[navamatújtsʰ]
atracar (vi)	կառանել	[karanél]
desatracar (vi)	մեկնել	[meknél]
viagem (f)	ճանապարհորդություն	[čanaparhordutʰjún]
cruzeiro (m)	ծովագնացություն	[tsovagnatsʰutʰjún]
rumo (m)	ուղղություն	[uġutʰjún]
itinerário (m)	երթուղի	[ertʰuġí]
canal (m) de navegação	նավարկուղի	[navarkuġí]
banco (m) de areia	ծանծաղուտ	[tsantsaġút]
encalhar (vt)	ծանծաղուտ ընկնել	[tsantsaġút ənknél]
tempestade (f)	փոթորիկ	[pʰotʰorík]
sinal (m)	ազդանշան	[azdanšán]
afundar-se (vr)	խորտակվել	[χortakvél]
SOS	SOS	[sos]
boia (f) salva-vidas	փրկագոտի	[pʰrkagotí]

108. Aeroporto

aeroporto (m)	օդանավակայան	[odanavakaján]
avião (m)	ինքնաթիռ	[inkʰnatʰír]
companhia (f) aérea	ավիաընկերություն	[aviaənkerutʰjún]
controlador (m) de tráfego aéreo	դիսպետչեր	[dispetčér]
partida (f)	թռիչք	[tʰričkʰ]
chegada (f)	ժամանում	[ʒamanúm]
chegar (vi)	ժամանել	[ʒamanél]
hora (f) de partida	թռիչքի ժամանակը	[tʰričkʰí ʒamanákə]
hora (f) de chegada	ժամանման ժամանակը	[ʒamanmán ʒamanákə]
estar atrasado	ուշանալ	[ušanál]
atraso (m) de voo	թռիչքի ուշացում	[tʰričkʰí ušatsʰúm]
painel (m) de informação	տեղեկատվական վահանակ	[teġekatvakán vahanák]
informação (f)	տեղեկատվություն	[teġekatvutʰjún]
anunciar (vt)	հայտարարել	[hajtararél]
voo (m)	ռեյս	[rejs]

alfândega (f)	**մաքսատուն**	[mak^{h}satún]
funcionário (m) da alfândega	**մաքսավոր**	[mak^{h}savór]
declaração (f) alfandegária	**հայտարարագիր**	[hajtararagír]
preencher a declaração	**հայտարարագիր լրացնել**	[hajtararagír lrats^{h}nél]
controle (m) de passaporte	**անձնագրային ստուգում**	[andznagrajín stugúm]
bagagem (f)	**ուղեբեռ**	[uġebér]
bagagem (f) de mão	**ձեռքի ուղեբեռ**	[dzerk^{h}í uġebér]
carrinho (m)	**սայլակ**	[sajlák]
pouso (m)	**վայրէջք**	[vajrēdʒk^h]
pista (f) de pouso	**վայրէջքի ուղի**	[vajrēdʒk^{h}í uġí]
aterrissar (vi)	**վայրէջք կատարել**	[vajrēdʒk^h katarél]
escada (f) de avião	**օդանավասանդուղք**	[odanavasandúġk^h]
check-in (m)	**գրանցում**	[grants^{h}úm]
balcão (m) do check-in	**գրանցասեղան**	[grants^{h}aseġán]
fazer o check-in	**գրանցվել**	[grants^{h}vél]
cartão (m) de embarque	**տեղակտրոն**	[teġaktrón]
portão (m) de embarque	**ելք**	[elk^h]
trânsito (m)	**տարանցիկ չվերթ**	[tarants^{h}ík čvert^h]
esperar (vi, vt)	**սպասել**	[spasél]
sala (f) de espera	**սպասասրահ**	[spasasráh]
despedir-se (acompanhar)	**ճանապարհել**	[čanaparhél]
despedir-se (dizer adeus)	**հրաժեշտ տալ**	[hraʒéšt tál]

Eventos

109. Férias. Evento

festa (f)	տոն	[ton]
feriado (m) nacional	ազգային տոն	[azgajín tón]
feriado (m)	տոնական օր	[tonakán or]
festejar (vt)	տոնել	[tonél]
evento (festa, etc.)	դեպք	[depkʰ]
evento (banquete, etc.)	միջոցառում	[miʤoʦʰarúm]
banquete (m)	ճաշկերույթ	[čaškerújtʰ]
recepção (f)	ընդունելություն	[əndunelutʰjún]
festim (m)	խնջույք	[χnʤujkʰ]
aniversário (m)	տարեդարձ	[taredárʣ]
jubileu (m)	հոբելյան	[hobelján]
celebrar (vt)	նշել	[nšel]
Ano (m) Novo	Ամանոր	[amanór]
Feliz Ano Novo!	Շնորհավոր Ամանո՛ր	[šnorhavór amanór]
Natal (m)	Սուրբ ծնունդ	[surb ʦnund]
Feliz Natal!	Ուրախ Սուրբ ծնո՛ւնդ	[uráχ súrb ʦnúnd]
árvore (f) de Natal	տոնածառ	[tonaʦár]
fogos (m pl) de artifício	հրավառություն	[hravarutʰjún]
casamento (m)	հարսանիք	[harsaníkʰ]
noivo (m)	փեսացու	[pʰesaʦʰú]
noiva (f)	հարսնացու	[harsnaʦʰú]
convidar (vt)	հրավիրել	[hravirél]
convite (m)	հրավիրատոմս	[hraviratóms]
convidado (m)	հյուր	[hjur]
visitar (vt)	հյուր գնալ	[hjur gnal]
receber os convidados	հյուրերին դիմավորել	[hjurerín dimavorél]
presente (m)	նվեր	[nver]
oferecer, dar (vt)	նվիրել	[nvirél]
receber presentes	նվերներ ստանալ	[nvernér stanál]
buquê (m) de flores	ծաղկեփունջ	[ʦaġkepʰúnʤ]
felicitações (f pl)	շնորհավորանք	[šnorhavoránkʰ]
felicitar (vt)	շնորհավորել	[šnorhavorél]
cartão (m) de parabéns	շնորհավորական բացիկ	[šnorhavorakán baʦʰík]
enviar um cartão postal	բացիկ ուղարկել	[baʦʰík uġarkél]
receber um cartão postal	բացիկ ստանալ	[baʦʰík stanál]
brinde (m)	կենաց	[kenáʦʰ]

oferecer (vt)	հյուրասիրել	[hjurasirél]
champanhe (m)	շամպայն	[šampájn]
divertir-se (vr)	զվարճանալ	[zvarčanál]
diversão (f)	զվարճանք	[zvarčánkʰ]
alegria (f)	ուրախություն	[uraχutʰjún]
dança (f)	պար	[par]
dançar (vi)	պարել	[parél]
valsa (f)	վալս	[vals]
tango (m)	տանգո	[tángo]

110. Funerais. Enterro

cemitério (m)	գերեզմանոց	[gerezmanóʦʰ]
sepultura (f), túmulo (m)	գերեզման	[gerezmán]
cruz (f)	խաչ	[χač]
lápide (f)	տապանաքար	[tapanakʰár]
cerca (f)	ցանկապատ	[ʦʰankapát]
capela (f)	մատուռ	[matúr]
morte (f)	մահ	[mah]
morrer (vi)	մահանալ	[mahanál]
defunto (m)	հանգուցյալ	[hanguʦʰjál]
luto (m)	սուգ	[sug]
enterrar, sepultar (vt)	թաղել	[tʰaġél]
funerária (f)	թաղման բյուրո	[tʰaġmán bjuró]
funeral (m)	թաղման արարողություն	[tʰaġmán araroġutʰjún]
coroa (f) de flores	պսակ	[psak]
caixão (m)	դագաղ	[dagáġ]
carro (m) funerário	դիակառք	[diakárkʰ]
mortalha (f)	սավան	[saván]
urna (f) funerária	աճյունասափոր	[ačjunasapʰór]
crematório (m)	դիակիզարան	[diakizarán]
obituário (m), necrologia (f)	մահախոսական	[mahaχosakán]
chorar (vi)	լացել	[laʦʰél]
soluçar (vi)	ողբալ	[voġbál]

111. Guerra. Soldados

pelotão (m)	դասակ	[dasák]
companhia (f)	վաշտ	[vašt]
regimento (m)	գունդ	[gund]
exército (m)	բանակ	[banák]
divisão (f)	դիվիզիա	[divízia]
esquadrão (m)	ջոկատ	[ʤokát]
hoste (f)	զորք	[zorkʰ]

soldado (m)	զինվոր	[zinvór]
oficial (m)	սպա	[spa]
soldado (m) raso	շարքային	[šarkʰajín]
sargento (m)	սերժանտ	[serʒánt]
tenente (m)	լեյտենանտ	[lejtenánt]
capitão (m)	կապիտան	[kapitán]
major (m)	մայոր	[majór]
coronel (m)	գնդապետ	[gndapét]
general (m)	գեներալ	[generál]
marujo (m)	ծովային	[ʦovajín]
capitão (m)	կապիտան	[kapitán]
contramestre (m)	բոցման	[boʦʰmán]
artilheiro (m)	հրետանավոր	[hretanavór]
soldado (m) paraquedista	դեսանտային	[desantajín]
piloto (m)	օդաչու	[odačú]
navegador (m)	ղեկապետ	[ġekapét]
mecânico (m)	մեխանիկ	[meχaník]
sapador-mineiro (m)	սակրավոր	[sakravór]
paraquedista (m)	պարաշյուտիստ	[parašjutíst]
explorador (m)	հետախույզ	[hetaχújz]
atirador (m) de tocaia	սնայպեր	[snájper]
patrulha (f)	պարեկ	[parék]
patrulhar (vt)	պարեկել	[parekél]
sentinela (f)	ժամապահ	[ʒamapáh]
guerreiro (m)	ռազմիկ	[razmík]
patriota (m)	հայրենասեր	[hajrenasér]
herói (m)	հերոս	[herós]
heroína (f)	հերոսուհի	[herosuhí]
traidor (m)	դավաճան	[davačán]
desertor (m)	դասալիք	[dasalíkʰ]
desertar (vt)	դասալքել	[dasalkʰél]
mercenário (m)	վարձկան	[varʣkán]
recruta (m)	նորակոչիկ	[norakočík]
voluntário (m)	կամավոր	[kamavór]
morto (m)	սպանված	[spanváʦə]
ferido (m)	վիրավոր	[viravór]
prisioneiro (m) de guerra	գերի	[gerí]

112. Guerra. Ações militares. Parte 1

guerra (f)	պատերազմ	[paterázm]
guerrear (vt)	պատերազմել	[paterazmél]
guerra (f) civil	քաղաքացիական պատերազմ	[kʰaġakaʦʰiakán paterázm]
perfidamente	նենգորեն	[nengorén]

declaração (f) de guerra	հայտարարում	[hajtararúm]
declarar guerra	հայտարարել	[hajtararél]
agressão (f)	ագրեսիա	[agrésia]
atacar (vt)	հարձակվել	[harʣakvél]
invadir (vt)	զավթել	[zavtʰél]
invasor (m)	զավթիչ	[zavtʰíč]
conquistador (m)	նվաճող	[nvačóġ]
defesa (f)	պաշտպանություն	[paštpanutʰjún]
defender (vt)	պաշտպանել	[paštpanél]
defender-se (vr)	պաշտպանվել	[paštpanvél]
inimigo (m)	թշնամի	[tʰšnamí]
adversário (m)	հակառակորդ	[hakarakórd]
inimigo (adj)	թշնամական	[tʰšnamakán]
estratégia (f)	ռազմավարություն	[razmavarutʰjún]
tática (f)	մարտավարություն	[martavarutʰjún]
ordem (f)	հրաման	[hramán]
comando (m)	հրաման	[hramán]
ordenar (vt)	հրամայել	[hramajél]
missão (f)	առաջադրանք	[araʤadránkʰ]
secreto (adj)	գաղտնի	[gaġtní]
batalha (f)	ճակատամարտ	[čakatamárt]
combate (m)	մարտ	[mart]
ataque (m)	հարձակում	[harʣakúm]
assalto (m)	գրոհ	[groh]
assaltar (vt)	գրոհել	[grohél]
assédio, sítio (m)	պաշարում	[pašarúm]
ofensiva (f)	հարձակում	[harʣakúm]
tomar à ofensiva	հարձակվել	[harʣakvél]
retirada (f)	նահանջ	[nahánʤ]
retirar-se (vr)	նահանջել	[nahanʤél]
cerco (m)	շրջապատում	[šrʤapatúm]
cercar (vt)	շրջապատել	[šrʤapatél]
bombardeio (m)	ռմբակոծություն	[rmbakoʦutʰjún]
lançar uma bomba	ռումբ նետել	[rúmb netél]
bombardear (vt)	ռմբակոծել	[rmbakoʦél]
explosão (f)	պայթյուն	[pajtʰjún]
tiro (m)	կրակոց	[krakóʦʰ]
dar um tiro	կրակել	[krakél]
tiroteio (m)	հրաձգություն	[hraʣgutʰjún]
apontar para ...	նշան բռնել	[nšán brnel]
apontar (vt)	ուղղել	[uġġél]
acertar (vt)	դիպչել	[dipčél]
afundar (~ um navio, etc.)	խորտակել	[χortakél]

brecha (f)	ճեղքվածք	[čeġkváʦk^h]
afundar-se (vr)	ընդհատակ գնալ	[əndhaták gnal]
frente (m)	ճակատ	[čakát]
evacuação (f)	էվակուացիա	[ēvakuáʦ^{h}ia]
evacuar (vt)	էվակուացնել	[ēvakuaʦ^{h}nél]
trincheira (f)	խրամատ	[χramát]
arame (m) enfarpado	փշալար	[p^{h}šalár]
barreira (f) anti-tanque	փակոց	[p^{h}akóʦ^h]
torre (f) de vigia	աշտարակ	[aštarák]
hospital (m) militar	գոսպիտալ	[gospitál]
ferir (vt)	վիրավորել	[viravorél]
ferida (f)	վերք	[verk^h]
ferido (m)	վիրավոր	[viravór]
ficar ferido	վիրավորվել	[viravorvél]
grave (ferida ~)	ծանր	[ʦanr]

113. Guerra. Ações militares. Parte 2

cativeiro (m)	գերություն	[gerut^{h}jún]
capturar (vt)	գերի վերցնել	[gerí verʦ^{h}nél]
estar em cativeiro	գերի լինել	[gerí linél]
ser aprisionado	գերի ընկնել	[gerí ənknél]
campo (m) de concentração	համակենտրոնացման ճամբար	[hamakentronaʦ^{h}mán čambár]
prisioneiro (m) de guerra	գերի	[gerí]
escapar (vi)	փախչել	[p^{h}aχčél]
trair (vt)	դավաճանել	[davačanél]
traidor (m)	դավաճան	[davačán]
traição (f)	դավաճանություն	[davačanut^{h}jún]
fuzilar, executar (vt)	գնդակահարել	[gndakaharél]
fuzilamento (m)	գնդակահարություն	[gndakaharut^{h}jún]
equipamento (m)	հանդերձանք	[handerʣánk^h]
insígnia (f) de ombro	ուսադիր	[usadír]
máscara (f) de gás	հակագազ	[hakagáz]
rádio (m)	ռադիոկայան	[radiokaján]
cifra (f), código (m)	գաղտնագիր	[gaġtnagír]
conspiração (f)	կոնսպիրացիա	[konspiráʦ^{h}ia]
senha (f)	նշանաբառ	[nšanabár]
mina (f)	ական	[akán]
minar (vt)	ականապատել	[akanapatél]
campo (m) minado	ականային դաշտ	[akanajín dášt]
alarme (m) aéreo	օդային տագնապ	[odajín tagnáp]
alarme (m)	տագնապ	[tagnáp]
sinal (m)	ազդանշան	[azdanšán]

sinalizador (m)	ազդանշանային հրթիռ	[azdanšanajín hrt^{h}ir]
quartel-general (m)	շտաբ	[štab]
reconhecimento (m)	հետախուզություն	[hetaχuzut^{h}jún]
situação (f)	իրադրություն	[iradrut^{h}jún]
relatório (m)	զեկուցագիր	[zekuʦ^{h}agír]
emboscada (f)	դարան	[darán]
reforço (m)	օգնություն	[ognut^{h}jún]

alvo (m)	նշանակետ	[nšanakét]
campo (m) de tiro	հրաձգարան	[hraʣgarán]
manobras (f pl)	զորավարժություններ	[zoravarʒut^{h}junnér]

pânico (m)	խուճապ	[χučáp]
devastação (f)	ավերմունք	[avermúnk^{h}]
ruínas (f pl)	ավիրածություններ	[avirvaʦut^{h}junnér]
destruir (vt)	ավիրել	[avirél]

sobreviver (vi)	կենդանի մնալ	[kendaní mnal]
desarmar (vt)	զինաթափել	[zinat^{h}ap^{h}él]
manusear (vt)	վարվել	[varvél]

Sentido!	Զգա՛ստ	[zgast!]
Descansar!	Ազա՛տ	[azát!]

façanha (f)	հերոսագործություն	[herosagorʦut^{h}jún]
juramento (m)	երդում	[erdúm]
jurar (vi)	երդվել	[erdvél]

condecoração (f)	պարգևանշան	[pargevanšán]
condecorar (vt)	պարգևատրել	[pargevatrél]
medalha (f)	մեդալ	[medál]
ordem (f)	շքանշան	[šk^{h}anšán]

vitória (f)	հաղթանակ	[hağt^{h}anák]
derrota (f)	պարտություն	[partut^{h}jún]
armistício (m)	զինադադար	[zinadadár]

bandeira (f)	դրոշ	[droš]
glória (f)	փառք	[p^{h}ark^{h}]
parada (f)	զորահանդես	[zorahandés]
marchar (vi)	երթաքայլել	[ert^{h}ak^{h}ajlél]

114. Armas

arma (f)	զենք	[zenk^{h}]
arma (f) de fogo	հրազեն	[hrazén]
arma (f) branca	սառը զենք	[sárə zenk^{h}]

arma (f) química	քիմիական զենք	[kimiakán zénk^{h}]
nuclear (adj)	միջուկային	[miʤukajín]
arma (f) nuclear	միջուկային զենք	[miʤukajín zénk^{h}]

bomba (f)	ռումբ	[rumb]
bomba (f) atômica	ատոմային ռումբ	[atomajín rúmb]

pistola (f)	ատրճանակ	[atrčanák]
rifle (m)	հրացան	[hratsʰán]
semi-automática (f)	ավտոմատ	[avtomát]
metralhadora (f)	գնդացիր	[gndatsʰír]
boca (f)	փողաբերան	[pʰoġaberán]
cano (m)	փող	[pʰoġ]
calibre (m)	տրամաչափ	[tramačápʰ]
gatilho (m)	հրահան	[hrahán]
mira (f)	նշան	[nšan]
carregador (m)	պահեստատուփ	[pahestatúpʰ]
coronha (f)	կոթ	[kotʰ]
granada (f) de mão	նռնակ	[nrnak]
explosivo (m)	պայթուցիկ	[pajtʰutsʰík]
bala (f)	գնդակ	[gndak]
cartucho (m)	փամփուշտ	[pʰampúšt]
carga (f)	լից	[litsʰ]
munições (f pl)	զինամթերք	[zinamtʰérkʰ]
bombardeiro (m)	ռմբակոծիչ	[rmbakotsíč]
avião (m) de caça	կործանիչ	[kortsaníč]
helicóptero (m)	ուղղաթիռ	[uġatʰír]
canhão (m) antiaéreo	զենիթային թնդանոթ	[zenitʰajín tʰndanótʰ]
tanque (m)	տանկ	[tank]
canhão (de um tanque)	թնդանոթ	[tʰndanótʰ]
artilharia (f)	հրետանի	[hretaní]
fazer a pontaria	ուղղել	[uġġél]
projétil (m)	արկ	[ark]
granada (f) de morteiro	ական	[akán]
morteiro (m)	ականանետ	[akananét]
estilhaço (m)	բեկոր	[bekór]
submarino (m)	սուզանավ	[suzanáv]
torpedo (m)	տորպեդ	[torpéd]
míssil (m)	հրթիռ	[hrtʰir]
carregar (uma arma)	լցնել	[ltsʰnel]
disparar, atirar (vi)	կրակել	[krakél]
apontar para ...	նշան բռնել	[nšán brnel]
baioneta (f)	սվին	[svin]
espada (f)	սուսեր	[susér]
sabre (m)	սուր	[sur]
lança (f)	նիզակ	[nizák]
arco (m)	աղեղ	[aġéġ]
flecha (f)	նետ	[net]
mosquete (m)	մուշկետ	[muškét]
besta (f)	աղեղնազեն	[aġeġnazén]

115. Povos da antiguidade

primitivo (adj)	նախնադարյան	[naχnadarján]
pré-histórico (adj)	նախապատմական	[naχapatmakán]
antigo (adj)	հին	[hin]
Idade (f) da Pedra	քարե դար	[kʰaré dár]
Idade (f) do Bronze	բրոնզե դար	[bronzé dár]
Era (f) do Gelo	սառցե դարաշրջան	[sarʦʰé darašrʤán]
tribo (f)	ցեղ	[ʦʰeġ]
canibal (m)	մարդակեր	[mardakér]
caçador (m)	որսորդ	[vorsórd]
caçar (vi)	որս անել	[vors anél]
mamute (m)	մամոնտ	[mamónt]
caverna (f)	քարանձավ	[kʰaranʣáv]
fogo (m)	կրակ	[krak]
fogueira (f)	խարույկ	[χarújk]
pintura (f) rupestre	ժայռանկար	[ʒajrapatkér]
ferramenta (f)	աշխատանքի գործիք	[ašχatankí gorʦíkʰ]
lança (f)	նիզակ	[nizák]
machado (m) de pedra	քարե կացին	[kʰaré kaʦʰín]
guerrear (vt)	պատերազմել	[paterazmél]
domesticar (vt)	ընտելացնել	[əntelaʦʰnél]
ídolo (m)	կուռք	[kurkʰ]
adorar, venerar (vt)	պաշտել	[paštél]
superstição (f)	սնապաշտություն	[snapaštutʰjún]
evolução (f)	էվոլյուցիա	[ēvoljúʦʰia]
desenvolvimento (m)	զարգացում	[zargaʦʰúm]
extinção (f)	անհետացում	[anhetaʦʰúm]
adaptar-se (vr)	ընտելանալ	[əntelanál]
arqueologia (f)	հնէաբանություն	[hnēabanutʰjún]
arqueólogo (m)	հնագետ	[hnagét]
arqueológico (adj)	հնէաբանական	[hnēabanakán]
escavação (sítio)	պեղումներ	[peġumnér]
escavações (f pl)	պեղումներ	[peġumnér]
achado (m)	գտածո	[gtaʦó]
fragmento (m)	բեկոր	[bekór]

116. Idade média

povo (m)	ժողովուրդ	[ʒoġovúrd]
povos (m pl)	ժողովուրդներ	[ʒoġovurdnér]
tribo (f)	ցեղ	[ʦʰeġ]
tribos (f pl)	ցեղեր	[ʦʰeġér]
bárbaros (pl)	բարբարոսներ	[barbarosnér]
galeses (pl)	գալլեր	[gallér]

godos (pl)	գոտեր	[gotér]
eslavos (pl)	սլավոններ	[slavonnér]
viquingues (pl)	վիկինգներ	[vikingnér]
romanos (pl)	հռոմեացիներ	[hromeatsʰinér]
romano (adj)	հռոմեական	[hromeakán]
bizantinos (pl)	բաբելոնացիներ	[babelonatsʰinér]
Bizâncio	Բաբելոն	[babelón]
bizantino (adj)	բաբելոնյան	[babelonakán]
imperador (m)	կայսր	[kajsr]
líder (m)	առաջնորդ	[aradʒnórd]
poderoso (adj)	հզոր	[hzor]
rei (m)	թագավոր	[tʰagavór]
governante (m)	ղեկավար	[ġekavár]
cavaleiro (m)	ասպետ	[aspét]
senhor feudal (m)	ավատատեր	[avatatér]
feudal (adj)	ավատատիրական	[avatatirakán]
vassalo (m)	վասսալ	[vassál]
duque (m)	դուքս	[dukʰs]
conde (m)	կոմս	[koms]
barão (m)	բարոն	[barón]
bispo (m)	եպիսկոպոս	[episkopós]
armadura (f)	զենք ու զրահ	[zenkʰ u zrah]
escudo (m)	վահան	[vahán]
espada (f)	թուր	[tʰur]
viseira (f)	երեսկալ	[ereskál]
cota (f) de malha	օղազրահ	[oġazráh]
cruzada (f)	խաչակրաց արշավանք	[χačakrátsʰ aršavánkʰ]
cruzado (m)	խաչակիր	[χačakír]
território (m)	տարածք	[tarátskʰ]
atacar (vt)	հարձակվել	[hardzakvél]
conquistar (vt)	գրավել	[gravél]
ocupar, invadir (vt)	զավթել	[zavtʰél]
assédio, sítio (m)	պաշարում	[pašarúm]
sitiado (adj)	պաշարված	[pašarváts]
assediar, sitiar (vt)	պաշարել	[pašarél]
inquisição (f)	հավատաքննություն	[havatakʰnnutʰjún]
inquisidor (m)	հավատաքննիչ	[havatakʰnníč]
tortura (f)	խոշտանգում	[χoštangúm]
cruel (adj)	դաժան	[daʒán]
herege (m)	հերետիկոս	[heretikós]
heresia (f)	հերետիկոսություն	[heretikutʰjún]
navegação (f) marítima	ծովագնացություն	[tsovagnatsʰutʰjún]
pirata (m)	ծովահեն	[tsovahén]
pirataria (f)	ծովահենություն	[tsovahenutʰjún]
abordagem (f)	նավազգեռում	[navagzerúm]

presa (f), butim (m)	որս	[vors]
tesouros (m pl)	գանձեր	[ganʣér]
descobrimento (m)	հայտնագործություն	[hajtnagorʦutʰjún]
descobrir (novas terras)	հայտնագործել	[hajtnagorʦél]
expedição (f)	արշավ	[aršáv]
mosqueteiro (m)	հրացանակիր	[hraʦʰanakír]
cardeal (m)	կարդինալ	[kardinál]
heráldica (f)	զինանիշագիտություն	[zinanišagitutʰjún]
heráldico (adj)	զինանիշագիտական	[zinanišagitakán]

117. Líder. Chefe. Autoridades

rei (m)	թագավոր	[tʰagavór]
rainha (f)	թագուհի	[tʰaguhí]
real (adj)	թագավորական	[tʰagavorakán]
reino (m)	թագավորություն	[tʰagavorutʰjún]
príncipe (m)	արքայազն	[arkʰajázn]
princesa (f)	արքայադուստր	[arkʰajadústr]
presidente (m)	նախագահ	[naχagáh]
vice-presidente (m)	փոխնախագահ	[pʰoχnaχagáh]
senador (m)	սենատոր	[senatór]
monarca (m)	միապետ	[marzpét]
governante (m)	ղեկավար	[ġekavár]
ditador (m)	դիկտատոր	[diktatór]
tirano (m)	բռնապետ	[brnapét]
magnata (m)	մագնատ	[magnát]
diretor (m)	տնօրեն	[tnorén]
chefe (m)	շեֆ	[šef]
gerente (m)	կառավարիչ	[karavaríč]
patrão (m)	պետ	[pet]
dono (m)	տեր	[ter]
chefe (m)	գլուխ	[gluχ]
autoridades (f pl)	իշխանություններ	[išχanutʰjunnér]
superiores (m pl)	ղեկավարություն	[ġekavarutʰjún]
governador (m)	գուբերնատոր	[gubernátor]
cônsul (m)	հյուպատոս	[hjupatós]
diplomata (m)	դիվանագետ	[divanagét]
Presidente (m) da Câmara	քաղաքապետ	[kʰaġakapét]
xerife (m)	ոստիկանապետ	[vostikanapét]
imperador (m)	կայսր	[kajsr]
czar (m)	թագավոր	[tʰagavór]
faraó (m)	փարավոն	[pʰaravón]
cã, khan (m)	խան	[χan]

118. Violação da lei. Criminosos. Parte 1

bandido (m)	ավազակ	[avazák]
crime (m)	հանցագործություն	[hantsʰagortsutʰjún]
criminoso (m)	հանցագործ	[hantsʰagórts]
ladrão (m)	գող	[goġ]
roubar (vt)	գողանալ	[goġanál]
furto, roubo (m)	գողություն	[goġutʰjún]
raptar, sequestrar (vt)	առևանգել	[arevangél]
sequestro (m)	առևանգում	[arevangúm]
sequestrador (m)	առևանգող	[arevangóġ]
resgate (m)	փրկագին	[pʰrkagín]
pedir resgate	փրկագին պահանջել	[pʰrkagín pahandʒél]
roubar (vt)	կողոպտել	[koġoptél]
assaltante (m)	կողոպտիչ	[koġoptíč]
extorquir (vt)	շորթել	[šortʰél]
extorsionário (m)	շորթիչ	[šortʰíč]
extorsão (f)	շորթում	[šortʰúm]
matar, assassinar (vt)	սպանել	[spanél]
homicídio (m)	սպանություն	[spanutʰjún]
homicida, assassino (m)	մարդասպան	[mardaspán]
tiro (m)	կրակոց	[krakótsʰ]
dar um tiro	կրակել	[krakél]
matar a tiro	կրակել	[krakél]
disparar, atirar (vi)	կրակել	[krakél]
tiroteio (m)	հրաձգություն	[hradzgutʰjún]
incidente (m)	պատահար	[patahár]
briga (~ de rua)	կռիվ	[kriv]
vítima (f)	զոհ	[zoh]
danificar (vt)	վնաս հասցնել	[vnas hastsʰnél]
dano (m)	վնաս	[vnas]
cadáver (m)	դիակ	[diák]
grave (adj)	ծանր	[tsanr]
atacar (vt)	հարձակում կատարել	[hardzakúm katarél]
bater (espancar)	հարվածել	[harvatsél]
espancar (vt)	ծեծել	[tsetsél]
tirar, roubar (dinheiro)	խլել	[χlel]
esfaquear (vt)	մորթել	[mortʰél]
mutilar (vt)	խեղանդամացնել	[χeġandamatsʰnél]
ferir (vt)	վիրավորել	[viravorél]
chantagem (f)	շորթում	[šortʰúm]
chantagear (vt)	շորթել	[šortʰél]
chantagista (m)	շորթումնագործ	[šortʰumnagórts]
extorsão (f)	դրամաշորթություն	[dramašhortʰutʰjún]

extorsionário (m)	դրամաշորթ	[dramašórtʰ]
gângster (m)	ավազակ	[avazák]
máfia (f)	մաֆիա	[máfia]
punguista (m)	գրպանահատ	[grpanahát]
assaltante, ladrão (m)	կոտրանք կատարող	[kotránkʰ kataróġ]
contrabando (m)	մաքսանենգություն	[makʰsanengutʰjún]
contrabandista (m)	մաքսանենգ	[makʰsanéng]
falsificação (f)	կեղծիք	[keġʦíkʰ]
falsificar (vt)	կեղծել	[keġʦél]
falsificado (adj)	կեղծ	[keġʦ]

119. Violação da lei. Criminosos. Parte 2

estupro (m)	բռնաբարություն	[brnabarutʰjún]
estuprar (vt)	բռնաբարել	[brnabarél]
estuprador (m)	բռնաբարող	[brnabaróġ]
maníaco (m)	մոլագար	[molagár]
prostituta (f)	պոռնիկ	[porník]
prostituição (f)	պոռնկություն	[pornkutʰjún]
cafetão (m)	կավատ	[kavát]
drogado (m)	թմրամոլ	[tʰmramól]
traficante (m)	թմրավաճառ	[tʰmravačár]
explodir (vt)	պայթեցնել	[pajtʰeʦʰnél]
explosão (f)	պայթյուն	[pajtʰjún]
incendiar (vt)	հրկիզել	[hrkizél]
incendiário (m)	հրկիզող	[hrkizóġ]
terrorismo (m)	ահաբեկչություն	[ahabekčutʰjún]
terrorista (m)	ահաբեկիչ	[ahabekíč]
refém (m)	պատանդ	[patánd]
enganar (vt)	խաբել	[χabél]
engano (m)	խաբեություն	[χabeutʰjún]
vigarista (m)	խարդախ	[χardáχ]
subornar (vt)	կաշառել	[kašarél]
suborno (atividade)	կաշառք	[kašárkʰ]
suborno (dinheiro)	կաշառք	[kašárkʰ]
veneno (m)	թույն	[tʰujn]
envenenar (vt)	թունավորել	[tʰunavorél]
envenenar-se (vr)	թունավորվել	[tʰunavorél]
suicídio (m)	ինքնասպանություն	[inkʰnaspanutʰjún]
suicida (m)	ինքնասպան	[inkʰnaspán]
ameaçar (vt)	սպառնալ	[sparnál]
ameaça (f)	սպառնալիք	[sparnalíkʰ]
atentar contra a vida de ...	մահափորձ կատարել	[mahapʰórʣ katarél]

atentado (m)	մահափորձ	[mahapʰórʣ]
roubar (um carro)	առևանգել	[arevangél]
sequestrar (um avião)	առևանգել	[arevangél]
vingança (f)	վրեժ	[vreʒ]
vingar (vt)	վրեժ լուծել	[vreʒ luʦél]
torturar (vt)	խոշտանգել	[χoštangél]
tortura (f)	խոշտանգում	[χoštangúm]
atormentar (vt)	խոշտանգել	[χoštangél]
pirata (m)	ծովահեն	[ʦovahén]
desordeiro (m)	խուլիգան	[χuligán]
armado (adj)	զինված	[zinváʦ]
violência (f)	բռնություն	[brnutʰjún]
espionagem (f)	լրտեսություն	[lrtesutʰjún]
espionar (vi)	լրտեսել	[lrtesél]

120. Polícia. Lei. Parte 1

justiça (sistema de ~)	դատ	[dat]
tribunal (m)	դատարան	[datarán]
juiz (m)	դատավոր	[datavór]
jurados (m pl)	ատենակալ	[atenakál]
tribunal (m) do júri	ատենակալների դատարան	[atenakalnerí datarán]
julgar (vt)	դատել	[datél]
advogado (m)	փաստաբան	[pʰastabán]
réu (m)	ամբաստանյալ	[ambastanjál]
banco (m) dos réus	ամբաստանյալների աթոռ	[ambastanjalnerí atʰór]
acusação (f)	մեղադրանք	[meġadránkʰ]
acusado (m)	մեղադրյալ	[meġadrjál]
sentença (f)	դատավճիռ	[datavčír]
sentenciar (vt)	դատապարտել	[datapartél]
culpado (m)	հանցավոր	[hanʦʰavór]
punir (vt)	պատժել	[patʒél]
punição (f)	պատժամիջոց	[patʒamiʤóʦʰ]
multa (f)	տուգանք	[tugánkʰ]
prisão (f) perpétua	ցմահ բանտարկություն	[ʦʰmáh bantarkutʰjún]
pena (f) de morte	մահապատիժ	[mahapatíʒ]
cadeira (f) elétrica	էլեկտրական աթոռ	[ēlektrakán atʰór]
forca (f)	կախաղան	[kaχaġán]
executar (vt)	մահապատժի ենթարկել	[mahapatʒí entʰarkél]
execução (f)	մահապատիժ	[mahapatíʒ]
prisão (f)	բանտ	[bant]
cela (f) de prisão	բանտախցիկ	[bantaχʦʰík]

escolta (f)	պահակախումբ	[pahakaχúmb]
guarda (m) prisional	հսկիչ	[hskič]
preso, prisioneiro (m)	բանտարկյալ	[bantarkjál]
algemas (f pl)	ձեռնաշղթաներ	[ʣernašġtʰanér]
algemar (vt)	ձեռնաշղթաներ հագցնել	[ʣernašġtʰanér hagʦʰnél]
fuga, evasão (f)	փախուստ	[pʰaχúst]
fugir (vi)	փախչել	[pʰaχčél]
desaparecer (vi)	անհայտանալ	[anhajtanál]
soltar, libertar (vt)	ազատել	[azatél]
anistia (f)	ներում	[nerúm]
polícia (instituição)	ոստիկանություն	[vostikanutʰjún]
polícia (m)	ոստիկան	[vostikán]
delegacia (f) de polícia	ոստիկանության բաժանմունք	[vostikanutʰján baʒanmúnkʰ]
cassetete (m)	ռետինե մահակ	[retiné mahák]
megafone (m)	խոսափող	[χosapʰóġ]
carro (m) de patrulha	պարեկային ավտոմեքենա	[parekajín avtomekʰená]
sirene (f)	շչակ	[ščak]
ligar a sirene	շչակը միացնել	[ščákə miaʦʰnél]
toque (m) da sirene	շչակի ոռնոց	[ščakí vornóʦʰ]
cena (f) do crime	դեպքի վայր	[depkʰí vajr]
testemunha (f)	վկա	[vka]
liberdade (f)	ազատություն	[azatutʰjún]
cúmplice (m)	հանցակից	[hanʦʰakíʦʰ]
escapar (vi)	փախչել	[pʰaχčél]
traço (não deixar ~s)	հետք	[hetkʰ]

121. Polícia. Lei. Parte 2

procura (f)	հետաքննություն	[hetakʰnnutʰjún]
procurar (vt)	փնտրել	[pʰntrel]
suspeita (f)	կասկած	[kaskáʦ]
suspeito (adj)	կասկածելի	[kaskaʦelí]
parar (veículo, etc.)	կանգնեցնել	[kangneʦʰnél]
deter (fazer parar)	ձերբակալել	[ʣerbakalél]
caso (~ criminal)	գործ	[gorʦ]
investigação (f)	հետաքննություն	[hetakʰnnutʰjún]
detetive (m)	խուզարկու	[χuzarkú]
investigador (m)	քննիչ	[kʰnnič]
versão (f)	վարկած	[varkáʦ]
motivo (m)	շարժառիթ	[šarʒarítʰ]
interrogatório (m)	հարցաքննություն	[harʦʰakʰnnutʰjún]
interrogar (vt)	հարվաքննել	[harʦakʰnnél]
questionar (vt)	հարցաքննել	[harʦʰakʰnnél]
verificação (f)	ստուգում	[stugúm]
batida (f) policial	շուրջկալ	[šurʤkál]
busca (f)	խուզարկություն	[χuzarkutʰjún]

perseguição (f)	հետապնդում	[hetapndúm]
perseguir (vt)	հետապնդել	[hetapndél]
seguir, rastrear (vt)	հետևել	[hetevél]
prisão (f)	ձերբակալություն	[dzerbakalutʰjún]
prender (vt)	ձերբակալել	[dzerbakalél]
pegar, capturar (vt)	բռնել	[brnel]
captura (f)	բռնելը	[brnelə]
documento (m)	փաստաթուղթ	[pʰastatʰúġtʰ]
prova (f)	ապացույց	[apatsʰújtsʰ]
provar (vt)	ապացուցել	[apatsʰutsʰél]
pegada (f)	հետք	[hetkʰ]
impressões (f pl) digitais	մատնահետքեր	[matnahetkʰér]
prova (f)	հանցանշան	[hantsʰanšán]
álibi (m)	ալիբի	[álibi]
inocente (adj)	անմեղ	[anméġ]
injustiça (f)	անարդարություն	[anardarutʰjún]
injusto (adj)	անարդար	[anardár]
criminal (adj)	քրեական	[kʰreakán]
confiscar (vt)	բռնագրավել	[brnagravél]
droga (f)	թմրանյութ	[tʰmranjútʰ]
arma (f)	զենք	[zenkʰ]
desarmar (vt)	զինաթափել	[zinatʰapʰél]
ordenar (vt)	հրամայել	[hramajél]
desaparecer (vi)	անհետանալ	[anhetanál]
lei (f)	օրենք	[orénkʰ]
legal (adj)	օրինական	[orinakán]
ilegal (adj)	անօրինական	[anorinakán]
responsabilidade (f)	պատասխանատվություն	[patasχanatvutʰjún]
responsável (adj)	պատասխանատու	[patasχanatú]

NATUREZA

A Terra. Parte 1

122. Espaço sideral

espaço, cosmo (m)	տիեզերք	[tiezérkʰ]
espacial, cósmico (adj)	տիեզերական	[tiezerakán]
espaço (m) cósmico	տիեզերական տարածություն	[tiezerakán taratsutʰjún]
mundo (m)	աշխարհ	[ašχárh]
universo (m)	տիեզերք	[tiezérkʰ]
galáxia (f)	գալակտիկա	[galáktika]
estrela (f)	աստղ	[astġ]
constelação (f)	համաստեղություն	[hamasteġutʰjún]
planeta (m)	մոլորակ	[molorák]
satélite (m)	արբանյակ	[arbanják]
meteorito (m)	երկնաքար	[erknakʰár]
cometa (m)	գիսաստղ	[gisástġ]
asteroide (m)	աստղակերպ	[astġakérp]
órbita (f)	ուղեծիր	[uġetsír]
girar (vi)	պտտվել	[ptətvél]
atmosfera (f)	մթնոլորտ	[mtʰnolórt]
Sol (m)	արեգակ	[aregák]
Sistema (m) Solar	արեգակնային համակարգ	[aregaknajín hamakárg]
eclipse (m) solar	արևի խավարում	[areví χavarúm]
Terra (f)	Երկիր	[erkír]
Lua (f)	Լուսին	[lusín]
Marte (m)	Մարս	[mars]
Vênus (f)	Վեներա	[venéra]
Júpiter (m)	Յուպիտեր	[jupíter]
Saturno (m)	Սատուրն	[satúrn]
Mercúrio (m)	Մերկուրի	[merkúri]
Urano (m)	Ուրան	[urán]
Netuno (m)	Նեպտուն	[neptún]
Plutão (m)	Պլուտոն	[plutón]
Via Láctea (f)	Կաթնածիր	[katʰnatsír]
Ursa Maior (f)	Մեծ Արջ	[mets ardʒ]
Estrela Polar (f)	Բևեռային Աստղ	[beverajín ástġ]
marciano (m)	Մարսի բնակիչ	[marsí bnakíč]

extraterrestre (m)	այլմոլորակային	[ajlmolorakajín]
alienígena (m)	եկվոր	[ekvór]
disco (m) voador	թռչող ափսե	[tʰrčóġ apʰsé]
espaçonave (f)	տիեզերանավ	[tiezeragnáts]
estação (f) orbital	ուղեծրային կայան	[uġetsrajín kaján]
lançamento (m)	մեկնաթռիչք	[meknatʰríčkʰ]
motor (m)	շարժիչ	[šarʒíč]
bocal (m)	փողելք	[pʰoġélkʰ]
combustível (m)	վառելիք	[varelíkʰ]
cabine (f)	խցիկ	[χtsʰik]
antena (f)	ալեհավաք	[alehavákʰ]
vigia (f)	իլյումինատոր	[iljuminátor]
bateria (f) solar	արևային մարտկոց	[arevajín martkótsʰ]
traje (m) espacial	սկաֆանդր	[skafándr]
imponderabilidade (f)	անկշռություն	[ankšrutʰjún]
oxigênio (m)	թթվածին	[tʰtʰvatsín]
acoplagem (f)	միակցում	[miaktsʰúm]
fazer uma acoplagem	միակցում կատարել	[miaktsʰúm katarél]
observatório (m)	աստղադիտարան	[astġaditarán]
telescópio (m)	աստղադիտակ	[astġaditák]
observar (vt)	հետևել	[hetevél]
explorar (vt)	հետազոտել	[hetazotél]

123. A Terra

Terra (f)	Երկիր	[erkír]
globo terrestre (Terra)	երկրագունդ	[erkragúnd]
planeta (m)	մոլորակ	[molorák]
atmosfera (f)	մթնոլորտ	[mtʰnolórt]
geografia (f)	աշխարհագրություն	[ašχarhagrutʰjún]
natureza (f)	բնություն	[bnutʰjún]
globo (mapa esférico)	գլոբուս	[globús]
mapa (m)	քարտեզ	[kʰartéz]
atlas (m)	ատլաս	[atlás]
Europa (f)	Եվրոպա	[evrópa]
Ásia (f)	Ասիա	[ásia]
África (f)	Աֆրիկա	[áfrika]
Austrália (f)	Ավստրալիա	[avstrália]
América (f)	Ամերիկա	[amérika]
América (f) do Norte	Հյուսիսային Ամերիկա	[hjusisajín amérika]
América (f) do Sul	Հարավային Ամերիկա	[haravajín amérika]
Antártida (f)	Անտարկտիդա	[antarktída]
Ártico (m)	Արկտիկա	[árktika]

124. Pontos cardeais

norte (m)	հյուսիս	[hjusís]
para norte	դեպի հյուսիս	[depí hjusís]
no norte	հյուսիսում	[hjusisúm]
do norte (adj)	հյուսիսային	[hjusisajín]
sul (m)	հարավ	[haráv]
para sul	դեպի հարավ	[depí haráv]
no sul	հարավում	[haravúm]
do sul (adj)	հարավային	[haravajín]
oeste, ocidente (m)	արևմուտք	[arevmútkʰ]
para oeste	դեպի արևմուտք	[depí arevmútkʰ]
no oeste	արևմուտքում	[arevmutkʰúm]
ocidental (adj)	արևմտյան	[arevmtján]
leste, oriente (m)	արևելք	[arevélkʰ]
para leste	դեպի արևելք	[depí arevélkʰ]
no leste	արևելքում	[arevelkʰúm]
oriental (adj)	արևելյան	[arevelján]

125. Mar. Oceano

mar (m)	ծով	[ʦov]
oceano (m)	օվկիանոս	[ovkianós]
golfo (m)	ծոց	[ʦoʦʰ]
estreito (m)	նեղուց	[neġúʦʰ]
terra (f) firme	ցամաք	[ʦʰamákʰ]
continente (m)	մայրցամաք	[majrʦʰamákʰ]
ilha (f)	կղզի	[kġzi]
península (f)	թերակղզի	[tʰerakġzí]
arquipélago (m)	արշիպելագ	[aršipelág]
baía (f)	ծովախորշ	[ʦovaχórš]
porto (m)	նավահանգիստ	[navahangíst]
lagoa (f)	ծովալճակ	[ʦovalčák]
cabo (m)	հրվանդան	[hrvandán]
atol (m)	ատոլ	[atól]
recife (m)	խութ	[χutʰ]
coral (m)	մարջան	[marʤán]
recife (m) de coral	մարջանախութ	[marʤanaχútʰ]
profundo (adj)	խորը	[χórə]
profundidade (f)	խորություն	[χorutʰjún]
abismo (m)	անդունդ	[andúnd]
fossa (f) oceânica	ծովախորշ	[ʦovaχórš]
corrente (f)	հոսանք	[hosánkʰ]
banhar (vt)	ողողել	[voġoġél]
litoral (m)	ափ	[apʰ]

costa (f)	ծովափ	[tsováp^h]
maré (f) alta	մակընթացություն	[makənt^hats^hut^hjún]
refluxo (m)	տեղատվություն	[teġatvut^hjún]
restinga (f)	առափնյա ծանծաղուտ	[arap^hnjá tsantsaġút]
fundo (m)	հատակ	[haták]
onda (f)	ալիք	[alík^h]
crista (f) da onda	ալիքի կատար	[alik^hí katár]
espuma (f)	փրփուր	[p^hrp^hur]
tempestade (f)	փոթորիկ	[p^hot^horík]
furacão (m)	մրրիկ	[mrrik]
tsunami (m)	ցունամի	[ts^hunámi]
calmaria (f)	խաղաղություն	[χaġaġut^hjún]
calmo (adj)	հանգիստ	[hangíst]
polo (m)	բևեռ	[bevér]
polar (adj)	բևեռային	[beverajín]
latitude (f)	լայնություն	[lajnut^hjún]
longitude (f)	երկարություն	[erkarut^hjún]
paralela (f)	զուգահեռական	[zugaherakán]
equador (m)	հասարակած	[hasarakáts]
céu (m)	երկինք	[erkínk^h]
horizonte (m)	հորիզոն	[horizón]
ar (m)	օդ	[od]
farol (m)	փարոս	[p^harós]
mergulhar (vi)	սուզվել	[suzvél]
afundar-se (vr)	խորտակվել	[χortakvél]
tesouros (m pl)	գանձեր	[gandzér]

126. Nomes de Mares e Oceanos

Oceano (m) Atlântico	Ատլանտյան օվկիանոս	[atlantján ovkianós]
Oceano (m) Índico	Հնդկական օվկիանոս	[hndkakán ovkianós]
Oceano (m) Pacífico	Խաղաղ օվկիանոս	[χaġág ovkianós]
Oceano (m) Ártico	Հյուսիսային Սառուցյալ օվկիանոս	[hjusisajín saruts^hjál ovkianós]
Mar (m) Negro	Սև ծով	[sev tsov]
Mar (m) Vermelho	Կարմիր ծով	[karmír tsóv]
Mar (m) Amarelo	Դեղին ծով	[deġín tsov]
Mar (m) Branco	Սպիտակ ծով	[spiták tsóv]
Mar (m) Cáspio	Կասպից ծով	[kaspíts^h tsov]
Mar (m) Morto	Մեռյալ ծով	[merjál tsov]
Mar (m) Mediterrâneo	Միջերկրական ծով	[midʒerkrakán tsov]
Mar (m) Egeu	Էգեյան ծով	[ēgeján tsov]
Mar (m) Adriático	Ադրիատիկ ծով	[adriatík tsov]
Mar (m) Arábico	Արաբական ծով	[arabakán tsov]
Mar (m) do Japão	Ճապոնական ծով	[čaponakán tsov]

Mar (m) de Bering	Բերինգի ծով	[beringí ʦóv]
Mar (m) da China Meridional	Արևելա-Չինական ծով	[arevelá činakán ʦov]
Mar (m) de Coral	Կորալյան ծով	[koralján ʦov]
Mar (m) de Tasman	Տասմանյան ծով	[tasmanján ʦov]
Mar (m) do Caribe	Կարիբյան ծով	[karibján ʦóv]
Mar (m) de Barents	Բարենցյան ծով	[barenʦ^{h}ján ʦóv]
Mar (m) de Kara	Կարսի ծով	[karsí ʦóv]
Mar (m) do Norte	Հյուսիսային ծով	[hjusisajín ʦóv]
Mar (m) Báltico	Բալթիկ ծով	[balt^{h}ík ʦov]
Mar (m) da Noruega	Նորվեգյան ծով	[norvegján ʦóv]

127. Montanhas

montanha (f)	լեռ	[ler]
cordilheira (f)	լեռնաշղթա	[lernašġt^{h}á]
serra (f)	լեռնագագաթ	[lernagagát^h]
cume (m)	գագաթ	[gagát^h]
pico (m)	լեռնագագաթ	[lernagagát^h]
pé (m)	ստորոտ	[storót]
declive (m)	սարալանջ	[saralánʤ]
vulcão (m)	հրաբուխ	[hrabúχ]
vulcão (m) ativo	գործող հրաբուխ	[gorʦóġ hrabúχ]
vulcão (m) extinto	հանգած հրաբուխ	[hangáʦ hrabúχ]
erupção (f)	ժայթքում	[ʒajt^{h}k^{h}úm]
cratera (f)	խառնարան	[χarnarán]
magma (m)	մագմա	[mágma]
lava (f)	լավա	[láva]
fundido (lava ~a)	շիկացած	[šikaʦ^{h}áʦ]
cânion, desfiladeiro (m)	խնձահովիտ	[χnʣahovít]
garganta (f)	կիրճ	[kirč]
fenda (f)	նեղ կիրճ	[neġ kirč]
passo, colo (m)	լեռնանցք	[lernánʦ^{h}k^h]
planalto (m)	սարահարթ	[sarahárt^h]
falésia (f)	ժայռ	[ʒajr]
colina (f)	բլուր	[blur]
geleira (f)	սառցադաշտ	[sarʦ^{h}adášt]
cachoeira (f)	ջրվեժ	[ʤrveʒ]
gêiser (m)	գեյզեր	[géjzer]
lago (m)	լիճ	[lič]
planície (f)	հարթավայր	[hart^{h}avájr]
paisagem (f)	բնատեսարան	[bnatesarán]
eco (m)	արձագանք	[arʣagánk^h]
alpinista (m)	լեռնագնաց	[lernagnáʦ^h]
escalador (m)	ժայռամագլցող	[ʒajramaglʦ^{h}óġ]

conquistar (vt)	գերել	[gerél]
subida, escalada (f)	վերելք	[verélkʰ]

128. Nomes de montanhas

Alpes (m pl)	Ալպեր	[alpér]
Monte Branco (m)	Մոնբլան	[monblán]
Pirineus (m pl)	Պիրինեյներ	[pirinejnér]
Cárpatos (m pl)	Կարպատներ	[karpatnér]
Urais (m pl)	Ուրալյան լեռներ	[uralján lernér]
Cáucaso (m)	Կովկաս	[kovkás]
Elbrus (m)	Էլբրուս	[ēlbrús]
Altai (m)	Ալտայ	[altáj]
Tian Shan (m)	Տյան Շան	[tjan šan]
Pamir (m)	Պամիր	[pamír]
Himalaia (m)	Հիմալայներ	[himalajnér]
monte Everest (m)	Էվերեստ	[ēverést]
Cordilheira (f) dos Andes	Անդեր	[andér]
Kilimanjaro (m)	Կիլիմանջարո	[kilimandʒáro]

129. Rios

rio (m)	գետ	[get]
fonte, nascente (f)	աղբյուր	[aġbjúr]
leito (m) de rio	հուն	[hun]
bacia (f)	ջրավազան	[dʒravazán]
desaguar no ...	թափվել	[tʰapʰvél]
afluente (m)	վտակ	[vtak]
margem (do rio)	ափ	[apʰ]
corrente (f)	հոսանք	[hosánkʰ]
rio abaixo	հոսանքն ի վայր	[hosánkʰn í vájr]
rio acima	հոսանքն ի վեր	[hosánkʰn í vér]
inundação (f)	հեղեղում	[heġeġúm]
cheia (f)	վարարություն	[vararutʰjún]
transbordar (vi)	վարարել	[vararél]
inundar (vt)	հեղեղել	[heġeġél]
banco (m) de areia	ծանծաղուտ	[ʦanʦaġút]
corredeira (f)	սահանք	[sahánkʰ]
barragem (f)	ամբարտակ	[ambarták]
canal (m)	ջրանցք	[dʒránʦʰkʰ]
reservatório (m) de água	ջրամբար	[dʒrambár]
eclusa (f)	ջրագելակ	[dʒragelák]
corpo (m) de água	ջրավազան	[dʒravazán]
pântano (m)	ճահիճ	[čahíč]

lamaçal (m)	ճահճուտ	[čahčút]
redemoinho (m)	հորձանուտ	[hordzanút]
riacho (m)	առու	[arú]
potável (adj)	խմելու	[χmelú]
doce (água)	քաղցրահամ	[kʰaġtsʰrahám]
gelo (m)	սառույց	[sarújtsʰ]
congelar-se (vr)	սառչել	[sarčél]

130. Nomes de rios

rio Sena (m)	Սենա	[séna]
rio Loire (m)	Լուարա	[luára]
rio Tâmisa (m)	Թեմզա	[tʰémza]
rio Reno (m)	Ռեյն	[rejn]
rio Danúbio (m)	Դունայ	[dunáj]
rio Volga (m)	Վոլգա	[vólga]
rio Don (m)	Դոն	[don]
rio Lena (m)	Լենա	[léna]
rio Amarelo (m)	Խուանխե	[χuanχé]
rio Yangtzé (m)	Յանցզի	[jantsʰzə]
rio Mekong (m)	Մեկոնգ	[mekóng]
rio Ganges (m)	Գանգես	[gangés]
rio Nilo (m)	Նեղոս	[neġós]
rio Congo (m)	Կոնգո	[kóngo]
rio Cubango (m)	Օկավանգո	[okavángo]
rio Zambeze (m)	Զամբեզի	[zambézi]
rio Limpopo (m)	Լիմպոպո	[limpopó]
rio Mississippi (m)	Միսիսիպի	[misisipí]

131. Floresta

floresta (f), bosque (m)	անտառ	[antár]
florestal (adj)	անտառային	[antarajín]
mata (f) fechada	թավուտ	[tʰavút]
arvoredo (m)	պուրակ	[purák]
clareira (f)	բացատ	[batsʰát]
matagal (m)	մացառուտ	[matsʰarút]
mato (m), caatinga (f)	թփուտ	[tʰpʰut]
pequena trilha (f)	կածան	[katsán]
ravina (f)	ձորակ	[dzorák]
árvore (f)	ծառ	[tsar]
folha (f)	տերև	[terév]

folhagem (f)	տերևներ	[terevnér]
queda (f) das folhas	տերևաթափ	[terevatʰápʰ]
cair (vi)	թափվել	[tʰapʰvél]
topo (m)	կատար	[katár]
ramo (m)	ճյուղ	[čjuġ]
galho (m)	ոստ	[vost]
botão (m)	բողբոջ	[boġbódʒ]
agulha (f)	փուշ	[pʰuš]
pinha (f)	ելունդ	[elúnd]
buraco (m) de árvore	փչակ	[pʰčak]
ninho (m)	բույն	[bujn]
toca (f)	որջ	[vordʒ]
tronco (m)	բուն	[bun]
raiz (f)	արմատ	[armát]
casca (f) de árvore	կեղև	[keġév]
musgo (m)	մամուռ	[mamúr]
arrancar pela raiz	արմատախիլ անել	[armataχíl anél]
cortar (vt)	հատել	[hatél]
desflorestar (vt)	անտառահատել	[antarahatél]
toco, cepo (m)	կոճղ	[kočġ]
fogueira (f)	խարույկ	[χarújk]
incêndio (m) florestal	հրդեհ	[hrdeh]
apagar (vt)	հանգցնել	[hangtsʰnél]
guarda-parque (m)	անտառապահ	[antarapáh]
proteção (f)	պահպանություն	[pahpanutʰjún]
proteger (a natureza)	պահպանել	[pahpanél]
caçador (m) furtivo	որսագող	[vorsagóġ]
armadilha (f)	թակարդ	[tʰakárd]
colher (cogumelos, bagas)	հավաքել	[havakʰél]
perder-se (vr)	մոլորվել	[molorvél]

132. Recursos naturais

recursos (m pl) naturais	բնական ռեսուրսներ	[bnakán resursnér]
minerais (m pl)	օգտակար հանածոներ	[ogtakár hanatsonér]
depósitos (m pl)	հանքաշերտ	[hankʰašért]
jazida (f)	հանքավայր	[hankʰavájr]
extrair (vt)	արդյունահանել	[ardjunahanél]
extração (f)	արդյունահանում	[ardjunahanúm]
minério (m)	հանքաքար	[hankʰakʰár]
mina (f)	հանք	[hankʰ]
poço (m) de mina	հորան	[horán]
mineiro (m)	հանքափոր	[hankʰapʰór]
gás (m)	գազ	[gaz]
gasoduto (m)	գազատար	[gazatár]

petróleo (m)	**նավթ**	[navt^h]
oleoduto (m)	**նավթատար**	[navt^{h}atár]
poço (m) de petróleo	**նավթային աշտարակ**	[navt^{h}ajín aštarák]
torre (f) petrolífera	**հորատման աշտարակ**	[horatmán aštarák]
petroleiro (m)	**լցանավ**	[lʦ^{h}anáv]
areia (f)	**ավազ**	[aváz]
calcário (m)	**կրաքար**	[krak^{h}ár]
cascalho (m)	**խիճ**	[χič]
turfa (f)	**տորֆ**	[torf]
argila (f)	**կավ**	[kav]
carvão (m)	**ածուխ**	[aʦúχ]
ferro (m)	**երկաթ**	[erkát^h]
ouro (m)	**ոսկի**	[voskí]
prata (f)	**արծաթ**	[arʦát^h]
níquel (m)	**նիկել**	[nikél]
cobre (m)	**պղինձ**	[pġinʣ]
zinco (m)	**ցինկ**	[ʦ^{h}ink]
manganês (m)	**մանգան**	[mangán]
mercúrio (m)	**սնդիկ**	[sndik]
chumbo (m)	**արճիճ**	[arčíč]
mineral (m)	**հանքանյութ**	[hank^{h}anjút^h]
cristal (m)	**բյուրեղ**	[bjuréġ]
mármore (m)	**մարմար**	[marmár]
urânio (m)	**ուրան**	[urán]

A Terra. Parte 2

133. Tempo

tempo (m)	եղանակ	[eġanák]
previsão (f) do tempo	եղանակի տեսություն	[eġanakí tesutʰjún]
temperatura (f)	ջերմաստիճան	[ʤermastičán]
termômetro (m)	ջերմաչափ	[ʤermačápʰ]
barômetro (m)	ծանրաչափ	[ʦanračápʰ]
umidade (f)	խոնավություն	[χonavutʰjún]
calor (m)	տապ	[tap]
tórrido (adj)	շոգ	[šog]
está muito calor	շոգ է	[šog ē]
está calor	տաք է	[takʰ ē]
quente (morno)	տաք	[takʰ]
está frio	ցուրտ է	[ʦʰúrt ē]
frio (adj)	սառը	[sárə]
sol (m)	արև	[arév]
brilhar (vi)	շողալ	[šoġál]
de sol, ensolarado	արևային	[arevajín]
nascer (vi)	ծագել	[ʦagél]
pôr-se (vr)	մայր մտնել	[majr mtnel]
nuvem (f)	ամպ	[amp]
nublado (adj)	ամպամած	[ampamáʦ]
nuvem (f) preta	թուխպ	[tʰuχp]
escuro, cinzento (adj)	ամպամած	[ampamáʦ]
chuva (f)	անձրև	[anʣrév]
está a chover	անձրև է գալիս	[anʣrév ē galís]
chuvoso (adj)	անձրևային	[anʣrevajín]
chuviscar (vi)	մաղել	[maġél]
chuva (f) torrencial	տեղատարափ անձրև	[teġataráp ʰ anʣrév]
aguaceiro (m)	տեղատարափ անձրև	[teġataráp ʰ anʣrév]
forte (chuva, etc.)	տարափ	[tarápʰ]
poça (f)	ջրակույտ	[ʤrakújt]
molhar-se (vr)	թրջվել	[tʰrʤvel]
nevoeiro (m)	մառախուղ	[maraχúġ]
de nevoeiro	մառախլապատ	[maraχlapát]
neve (f)	ձյուն	[ʣjun]
está nevando	ձյուն է գալիս	[ʣjún ē galís]

134. Tempo extremo. Catástrofes naturais

trovoada (f)	փոթորիկ	[pʰotʰorík]
relâmpago (m)	կայծակ	[kajtsák]
relampejar (vi)	փայլատակել	[pʰajlatakél]
trovão (m)	որոտ	[vorót]
trovejar (vi)	որոտալ	[vorotál]
está trovejando	ամպերը որոտում են	[ampérə vorotúm én]
granizo (m)	կարկուտ	[karkút]
está caindo granizo	կարկուտ է գալիս	[karkút ē galís]
inundar (vt)	հեղեղել	[heġeġél]
inundação (f)	հեղեղում	[heġeġúm]
terremoto (m)	երկրաշարժ	[erkrašárʒ]
abalo, tremor (m)	ցնցում	[tsʰntsʰum]
epicentro (m)	էպիկենտրոն	[ēpikentrón]
erupção (f)	ժայթքում	[ʒajtʰkʰúm]
lava (f)	լավա	[láva]
tornado (m)	մրրկասյուն	[mrrkasjún]
tornado (m)	տորնադո	[tornádo]
tufão (m)	տայֆուն	[tajfún]
furacão (m)	մրրիկ	[mrrik]
tempestade (f)	փոթորիկ	[pʰotʰorík]
tsunami (m)	ցունամի	[tsʰunámi]
ciclone (m)	ցիկլոն	[tsʰiklón]
mau tempo (m)	վատ եղանակ	[vat eġanák]
incêndio (m)	հրդեհ	[hrdeh]
catástrofe (f)	աղետ	[aġét]
meteorito (m)	երկնաքար	[erknakʰár]
avalanche (f)	հուսին	[husín]
deslizamento (m) de neve	ձնահյուս	[dznahjús]
nevasca (f)	բուք	[bukʰ]
tempestade (f) de neve	բորան	[borán]

Fauna

135. Mamíferos. Predadores

predador (m)	գիշատիչ	[gišatíč]
tigre (m)	վագր	[vagr]
leão (m)	առյուծ	[arjúʦ]
lobo (m)	գայլ	[gajl]
raposa (f)	աղվես	[aġvés]
jaguar (m)	հովազ	[hováz]
leopardo (m)	ընձառյուծ	[ənʣarjúʦ]
chita (f)	շնակատու	[šnakatú]
pantera (f)	հովազ	[hováz]
puma (m)	կուգուար	[kuguár]
leopardo-das-neves (m)	ձյունաճերմակ հովազ	[ʣjunačermák hováz]
lince (m)	լուսան	[lusán]
coiote (m)	կոյոտ	[kojót]
chacal (m)	շնագայլ	[šnagájl]
hiena (f)	բորենի	[borení]

136. Animais selvagens

animal (m)	կենդանի	[kendaní]
besta (f)	գազան	[gazán]
esquilo (m)	սկյուռ	[skjur]
ouriço (m)	ոզնի	[vozní]
lebre (f)	նապաստակ	[napasták]
coelho (m)	ճագար	[čagár]
texugo (m)	փորսուղ	[p^{h}orsúġ]
guaxinim (m)	ջրարջ	[ʤrarʤ]
hamster (m)	գերմանամուկ	[germanamúk]
marmota (f)	արջամուկ	[arʤamúk]
toupeira (f)	խլուրդ	[χlurd]
rato (m)	մուկ	[muk]
ratazana (f)	առնետ	[arnét]
morcego (m)	չղջիկ	[čġʤik]
arminho (m)	կնգում	[kngum]
zibelina (f)	սամույր	[samújr]
marta (f)	կզաքիս	[kzak^{h}ís]
doninha (f)	աքիս	[ak^{h}ís]
visom (m)	ջրաքիս	[ʤrak^{h}ís]

castor (m)	կուղբ	[kuġb]
lontra (f)	ջրասամույր	[ʤrasamújr]
cavalo (m)	ձի	[ʣi]
alce (m)	որմզդեղն	[vormzdéġn]
veado (m)	եղջերու	[eġʤerú]
camelo (m)	ուղտ	[uġt]
bisão (m)	բիզոն	[bizón]
auroque (m)	վայրի ցուլ	[vajrí ʦʰul]
búfalo (m)	գոմեշ	[goméš]
zebra (f)	զեբր	[zebr]
antílope (m)	այծեղջերու	[ajʦeġʤerú]
corça (f)	այծյամ	[ajʦjám]
gamo (m)	եղնիկ	[eġník]
camurça (f)	քարայծ	[kʰarájʦ]
javali (m)	վարազ	[varáz]
baleia (f)	կետ	[ket]
foca (f)	փոկ	[pʰok]
morsa (f)	ծովափիղ	[ʦovapʰíġ]
urso-marinho (m)	ծովարջ	[ʦovárʤ]
golfinho (m)	դելֆին	[delfín]
urso (m)	արջ	[arʤ]
urso (m) polar	սպիտակ արջ	[spiták árʤ]
panda (m)	պանդա	[pánda]
macaco (m)	կապիկ	[kapík]
chimpanzé (m)	շիմպանզե	[šimpanzé]
orangotango (m)	օրանգուտանգ	[orangutáng]
gorila (m)	գորիլլա	[gorílla]
macaco (m)	մակակա	[makáka]
gibão (m)	գիբբոն	[gibbón]
elefante (m)	փիղ	[pʰiġ]
rinoceronte (m)	ռնգեղջյուր	[rngeġʤjúr]
girafa (f)	ընձուղտ	[ənʣúġt]
hipopótamo (m)	գետաձի	[getaʣí]
canguru (m)	ագևազ	[ageváz]
coala (m)	կոալա	[koála]
mangusto (m)	մանգուստ	[mangúst]
chinchila (f)	շինշիլա	[šinšíla]
cangambá (f)	սկունս	[skuns]
porco-espinho (m)	խոզուկ	[χozúk]

137. Animais domésticos

gata (f)	կատու	[katú]
gato (m) macho	կատու	[katú]
cão (m)	շուն	[šun]

cavalo (m)	ձի	[ʣi]
garanhão (m)	հովատակ	[hovaták]
égua (f)	զամբիկ	[zambík]
vaca (f)	կով	[kov]
touro (m)	ցուլ	[ʦʰul]
boi (m)	եզ	[ez]
ovelha (f)	ոչխար	[vočχár]
carneiro (m)	խոյ	[χoj]
cabra (f)	այծ	[ajʦ]
bode (m)	այծ	[ajʦ]
burro (m)	ավանակ	[avanák]
mula (f)	ջորի	[ʤorí]
porco (m)	խոզ	[χoz]
leitão (m)	գոճի	[goči]
coelho (m)	ճագար	[čagár]
galinha (f)	հավ	[hav]
galo (m)	աքլոր	[akʰlór]
pata (f), pato (m)	բադ	[bad]
pato (m)	բադաքլոր	[badakʰlór]
ganso (m)	սագ	[sag]
peru (m)	հնդկահավ	[hndkaháv]
perua (f)	հնդկահավ	[hndkaháv]
animais (m pl) domésticos	ընտանի կենդանիներ	[əntaní kendaninér]
domesticado (adj)	ձեռնասուն	[ʣernasún]
domesticar (vt)	ընտելացնել	[əntelaʦʰnél]
criar (vt)	բուծել	[buʦél]
fazenda (f)	ֆերմա	[férma]
aves (f pl) domésticas	ընտանի թռչուններ	[əntaní tʰrčunnér]
gado (m)	անասուն	[anasún]
rebanho (m), manada (f)	նախիր	[naχír]
estábulo (m)	ախոռ	[aχór]
chiqueiro (m)	խոզանոց	[χozanóʦʰ]
estábulo (m)	գոմ	[gom]
coelheira (f)	ճագարանոց	[čagaranóʦʰ]
galinheiro (m)	հավանոց	[havanóʦʰ]

138. Pássaros

pássaro (m), ave (f)	թռչուն	[tʰrčun]
pombo (m)	աղավնի	[aġavní]
pardal (m)	ճնճղուկ	[čnčġuk]
chapim-real (m)	երաշտահավ	[eraštaháv]
pega-rabuda (f)	կաչաղակ	[kačaġák]
corvo (m)	ագռավ	[agráv]

gralha-cinzenta (f)	ագռավ	[agráv]
gralha-de-nuca-cinzenta (f)	ճայակ	[čaják]
gralha-calva (f)	սերմնագռավ	[sermnagráv]
pato (m)	բադ	[bad]
ganso (m)	սագ	[sag]
faisão (m)	փասիան	[pʰasián]
águia (f)	արծիվ	[artsív]
açor (m)	շահեն	[šahén]
falcão (m)	բազե	[bazé]
abutre (m)	անգղ	[angġ]
condor (m)	պասկուճ	[paskúč]
cisne (m)	կարապ	[karáp]
grou (m)	կռունկ	[krunk]
cegonha (f)	արագիլ	[aragíl]
papagaio (m)	թութակ	[tʰutʰák]
beija-flor (m)	կոլիբրի	[kolíbri]
pavão (m)	սիրամարգ	[siramárg]
avestruz (m)	ջայլամ	[dʒajlám]
garça (f)	ձկնկուլ	[dzknkul]
flamingo (m)	վարդաթևիկ	[vardatʰevík]
pelicano (m)	հավալուսն	[havalúsn]
rouxinol (m)	սոխակ	[soχák]
andorinha (f)	ծիծեռնակ	[tsitsernák]
tordo-zornal (m)	կեռնեխ	[kernéχ]
tordo-músico (m)	երգող կեռնեխ	[ergóġ kernéχ]
melro-preto (m)	սև կեռնեխ	[sév kernéχ]
andorinhão (m)	ջրածիծառ	[dʒratsitsár]
cotovia (f)	արտույտ	[artújt]
codorna (f)	լոր	[lor]
pica-pau (m)	փայտփորիկ	[pʰajtpʰorík]
cuco (m)	կկու	[kəkú]
coruja (f)	բու	[bu]
bufo-real (m)	բվեճ	[bveč]
tetraz-grande (m)	խլահավ	[χlaháv]
tetraz-lira (m)	ցախաքլոր	[tsʰaχakʰlór]
perdiz-cinzenta (f)	կաքավ	[kakʰáv]
estorninho (m)	սարյակ	[sarják]
canário (m)	դեղձանիկ	[deġdzaník]
galinha-do-mato (f)	աքար	[akʰár]
tentilhão (m)	սերինոս	[serinós]
dom-fafe (m)	խածկտիկ	[χatsktík]
gaivota (f)	ճայ	[čaj]
albatroz (m)	ալբատրոս	[albatrós]
pinguim (m)	պինգվին	[pingvín]

139. Peixes. Animais marinhos

brema (f)	բրամ	[bram]
carpa (f)	գետածածան	[getaʦaʦán]
perca (f)	պերկես	[perkés]
siluro (m)	լոքո	[lok^{h}ó]
lúcio (m)	գայլաձուկ	[gajlaʣúk]
salmão (m)	սաղման	[saġmán]
esturjão (m)	թառափ	[t^{h}aráp^h]
arenque (m)	ծովատառեխ	[ʦovataréχ]
salmão (m) do Atlântico	սաղման ձուկ	[saġmán ʣuk]
cavala, sarda (f)	թյունիկ	[t^{h}juník]
solha (f), linguado (m)	տափակաձուկ	[tap^{h}akaʣúk]
lúcio perca (m)	շիղաձուկ	[šiġaʣúk]
bacalhau (m)	ձողաձուկ	[ʣoġaʣúk]
atum (m)	թյուննոս	[t^{h}junnós]
truta (f)	իշխան	[išχán]
enguia (f)	օձաձուկ	[oʣaʣúk]
raia (f) elétrica	էլեկտրավոր կատվաձուկ	[ēlektravór katvaʣúk]
moreia (f)	մուրենա	[muréna]
piranha (f)	պիրանյա	[piránja]
tubarão (m)	շնաձուկ	[šnaʣúk]
golfinho (m)	դելֆին	[delfín]
baleia (f)	կետ	[ket]
caranguejo (m)	ծովախեցգետին	[ʦovaχeʦ^{h}getín]
água-viva (f)	մեդուզա	[medúza]
polvo (m)	ութոտնուկ	[ut^{h}otnúk]
estrela-do-mar (f)	ծովաստղ	[ʦovástġ]
ouriço-do-mar (m)	ծովոզնի	[ʦovozní]
cavalo-marinho (m)	ծովաձի	[ʦovaʣí]
ostra (f)	ոստրե	[vostré]
camarão (m)	մանր ծովախեցգետին	[mánr ʦovaχeʦ^{h}getín]
lagosta (f)	օմար	[omár]
lagosta (f)	լանգուստ	[langúst]

140. Anfíbios. Répteis

cobra (f)	օձ	[oʣ]
venenoso (adj)	թունավոր	[t^{h}unavór]
víbora (f)	իժ	[iʒ]
naja (f)	կոբրա	[kóbra]
píton (m)	պիթոն	[pit^{h}ón]
jiboia (f)	վիշապօձ	[višapóʣ]
cobra-de-água (f)	լորտու	[lortú]

cascavel (f)	խարամանի	[χaramaní]
anaconda (f)	անակոնդա	[anakónda]
lagarto (m)	մողես	[moġés]
iguana (f)	իգուանա	[iguána]
varano (m)	վարան	[varán]
salamandra (f)	սալամանդր	[salamándr]
camaleão (m)	քամելեոն	[kʰameleón]
escorpião (m)	կարիճ	[karíč]
tartaruga (f)	կրիա	[kriá]
rã (f)	գորտ	[gort]
sapo (m)	դոդոշ	[dodóš]
crocodilo (m)	կոկորդիլոս	[kokordilós]

141. Insetos

inseto (m)	միջատ	[midʒát]
borboleta (f)	թիթեռ	[tʰitʰér]
formiga (f)	մրջյուն	[mrdʒun]
mosca (f)	ճանճ	[čanč]
mosquito (m)	մոծակ	[motsák]
escaravelho (m)	բզեզ	[bzez]
vespa (f)	իշամեղու	[išameġú]
abelha (f)	մեղու	[meġú]
mamangaba (f)	կրետ	[kret]
moscardo (m)	բոռ	[bor]
aranha (f)	սարդ	[sard]
teia (f) de aranha	սարդոստայն	[sardostájn]
libélula (f)	ճպուռ	[čpur]
gafanhoto (m)	մորեխ	[moréχ]
traça (f)	թիթեռնիկ	[tʰitʰerník]
barata (f)	ուտիճ	[utič]
carrapato (m)	տիզ	[tiz]
pulga (f)	լու	[lu]
borrachudo (m)	մլակ	[mlak]
gafanhoto (m)	մարախ	[maráχ]
caracol (m)	խխունջ	[χəχúndʒ]
grilo (m)	ծղրիդ	[tsġrid]
pirilampo, vaga-lume (m)	լուսատիտիկ	[lusatitík]
joaninha (f)	զատիկ	[zatík]
besouro (m)	մայիսյան բզեզ	[majisján bzez]
sanguessuga (f)	տզրուկ	[tzruk]
lagarta (f)	թրթուր	[tʰrtʰur]
minhoca (f)	որդ	[vord]
larva (f)	թրթուր	[tʰrtʰur]

Flora

142. Árvores

árvore (f)	ծառ	[ʦar]
decídua (adj)	սաղարթավոր	[saġartʰavór]
conífera (adj)	փշատերև	[pʰšaterév]
perene (adj)	մշտադալար	[mštadalár]
macieira (f)	խնձորենի	[χnʣorení]
pereira (f)	տանձենի	[tanʣení]
cerejeira (f)	կեռասենի	[kerasení]
ginjeira (f)	բալենի	[balení]
ameixeira (f)	սալորենի	[salorení]
bétula (f)	կեչի	[kečí]
carvalho (m)	կաղնի	[kaġní]
tília (f)	լորի	[lorí]
choupo-tremedor (m)	կաղամախի	[kaġamaχí]
bordo (m)	թխկի	[tʰχki]
espruce (m)	եղևնի	[eġevní]
pinheiro (m)	սոճի	[sočí]
alerce, lariço (m)	կուենի	[kuení]
abeto (m)	բրգաձև սոճի	[brgaʣév sočí]
cedro (m)	մայրի	[majrí]
choupo, álamo (m)	բարդի	[bardí]
tramazeira (f)	սնձենի	[snʣení]
salgueiro (m)	ուռենի	[urení]
amieiro (m)	լաստենի	[lastení]
faia (f)	հաճարենի	[hačarení]
ulmeiro, olmo (m)	ծփի	[ʦpʰi]
freixo (m)	հացենի	[haʦʰení]
castanheiro (m)	շագանակենի	[šaganakení]
magnólia (f)	կղբի	[kġbi]
palmeira (f)	արմավենի	[armavení]
cipreste (m)	նոճի	[nočí]
mangue (m)	մանգրածառ	[mangraʦár]
embondeiro, baobá (m)	բաոբաբ	[baobáb]
eucalipto (m)	էվկալիպտ	[ēvkalípt]
sequoia (f)	սեկվոյա	[sekvója]

143. Arbustos

arbusto (m)	թուփ	[tʰupʰ]
arbusto (m), moita (f)	թփուտ	[tʰpʰut]

videira (f)	խաղող	[χaġóġ]
vinhedo (m)	խաղողի այգի	[χaġoġí ajgí]
framboeseira (f)	մորի	[morí]
groselheira-vermelha (f)	կարմիր հաղարջ	[karmír haġárʤ]
groselheira (f) espinhosa	հաղարջ	[haġárʤ]
acácia (f)	ակացիա	[akáʦʰia]
bérberis (f)	ծորենի	[ʦorení]
jasmim (m)	հասմիկ	[hasmík]
junípero (m)	գիհի	[gihí]
roseira (f)	վարդենի	[vardení]
roseira (f) brava	մասուր	[masúr]

144. Frutos. Bagas

maçã (f)	խնձոր	[χnʣor]
pera (f)	տանձ	[tanʣ]
ameixa (f)	սալոր	[salór]
morango (m)	ելակ	[elák]
ginja (f)	բալ	[bal]
cereja (f)	կեռաս	[kerás]
uva (f)	խաղող	[χaġóġ]
framboesa (f)	մորի	[morí]
groselha (f) negra	սև հաղարջ	[sév haġárʤ]
groselha (f) vermelha	կարմիր հաղարջ	[karmír haġárʤ]
groselha (f) espinhosa	հաղարջ	[haġárʤ]
oxicoco (m)	լոռամրգի	[loramrgí]
laranja (f)	նարինջ	[naríndʒ]
tangerina (f)	մանդարին	[mandarín]
abacaxi (m)	արքայախնձոր	[arkʰajaχnʣór]
banana (f)	բանան	[banán]
tâmara (f)	արմավ	[armáv]
limão (m)	կիտրոն	[kitrón]
damasco (m)	ծիրան	[ʦirán]
pêssego (m)	դեղձ	[deġʣ]
quiuí (m)	կիվի	[kívi]
toranja (f)	գրեյպֆրուտ	[grejpfrút]
baga (f)	հատապտուղ	[hatаptúġ]
bagas (f pl)	հատապտուղներ	[hataptuġnér]
arando (m) vermelho	հապալաս	[hapalás]
morango-silvestre (m)	վայրի ելակ	[vajrí elák]
mirtilo (m)	հապալաս	[hapalás]

145. Flores. Plantas

flor (f)	ծաղիկ	[ʦaġík]
buquê (m) de flores	ծաղկեփունջ	[ʦaġkepʰúndʒ]

rosa (f)	վարդ	[vard]
tulipa (f)	վարդակակաչ	[vardakakáč]
cravo (m)	մեխակ	[meχák]
gladíolo (m)	թրաշուշան	[tʰrašušán]
centáurea (f)	կապույտ տերեփուկ	[kapújt terepʰúk]
campainha (f)	զանգակ	[zangák]
dente-de-leão (m)	կաթնուկ	[katʰnúk]
camomila (f)	երիցուկ	[eritsʰúk]
aloé (m)	ալոե	[alóe]
cacto (m)	կակտուս	[káktus]
fícus (m)	ֆիկուս	[fíkus]
lírio (m)	շուշան	[šušán]
gerânio (m)	խորդենի	[χordení]
jacinto (m)	հակինթ	[hakíntʰ]
mimosa (f)	պատկառուկ	[patkarúk]
narciso (m)	նարգիզ	[nargíz]
capuchinha (f)	ջրկոտեմ	[dʒrkotém]
orquídea (f)	խոլորձ	[χolórdz]
peônia (f)	քաջվարդ	[kʰadʒvárd]
violeta (f)	մանուշակ	[manušák]
amor-perfeito (m)	եռագույն մանուշակ	[eragújn manušák]
não-me-esqueças (m)	անմոռուկ	[anmorúk]
margarida (f)	մարգարտածաղիկ	[margartatsaġík]
papoula (f)	կակաչ	[kakáč]
cânhamo (m)	կանեփ	[kanépʰ]
hortelã, menta (f)	անանուխ	[ananúχ]
lírio-do-vale (m)	հովտաշուշան	[hovtašušán]
campânula-branca (f)	ձնծաղիկ	[dzntsaġík]
urtiga (f)	եղինջ	[eġíndʒ]
azedinha (f)	թրթնջուկ	[tʰrtʰndʒuk]
nenúfar (m)	ջրաշուշան	[dʒrašušán]
samambaia (f)	ձարխոտ	[dzarχót]
líquen (m)	քարաքոս	[kʰarakʰós]
estufa (f)	ջերմոց	[dʒermótsʰ]
gramado (m)	գազոն	[gazón]
canteiro (m) de flores	ծաղկաթումբ	[tsaġkatʰúmb]
planta (f)	բույս	[bujs]
grama (f)	խոտ	[χot]
folha (f) de grama	խոտիկ	[χotík]
folha (f)	տերև	[terév]
pétala (f)	թերթիկ	[tʰertʰík]
talo (m)	ցողուն	[tsʰoġún]
tubérculo (m)	պալար	[palár]
broto, rebento (m)	ծիլ	[tsil]

espinho (m)	փուշ	[p^{h}uš]
florescer (vi)	ծաղկել	[tsaġkél]
murchar (vi)	թոշնել	[t^{h}ršnel]
cheiro (m)	բուրմունք	[burmúnk^h]
cortar (flores)	կտրել	[ktrel]
colher (uma flor)	պոկել	[pokél]

146. Cereais, grãos

grão (m)	հացահատիկ	[hats^{h}ahatík]
cereais (plantas)	հացահատիկային բույսեր	[hats^{h}ahatikajín bujsér]
espiga (f)	հասկ	[hask]
trigo (m)	ցորեն	[ts^{h}orén]
centeio (m)	տարեկան	[tarekán]
aveia (f)	վարսակ	[varsák]
painço (m)	կորեկ	[korék]
cevada (f)	գարի	[garí]
milho (m)	եգիպտացորեն	[egiptats^{h}orén]
arroz (m)	բրինձ	[brindz]
trigo-sarraceno (m)	հնդկացորեն	[hndkats^{h}orén]
ervilha (f)	սիսեռ	[sisér]
feijão (m) roxo	լոբի	[lobí]
soja (f)	սոյա	[sojá]
lentilha (f)	ոսպ	[vosp]
feijão (m)	լոբազգիներ	[lobazginér]

PAÍSES. NACIONALIDADES

147. Europa Ocidental

Europa (f)	Եվրոպա	[evrópa]
União (f) Europeia	Եվրոմիություն	[evromiutʰjún]
Áustria (f)	Ավստրիա	[avstria]
Grã-Bretanha (f)	Մեծ Բրիտանիա	[mets británia]
Inglaterra (f)	Անգլիա	[ánglia]
Bélgica (f)	Բելգիա	[bélgia]
Alemanha (f)	Գերմանիա	[germánia]
Países Baixos (m pl)	Նիդեռլանդներ	[niderlandnér]
Holanda (f)	Հոլանդիա	[holándia]
Grécia (f)	Հունաստան	[hunastán]
Dinamarca (f)	Դանիա	[dánia]
Irlanda (f)	Իռլանդիա	[irlándia]
Islândia (f)	Իսլանդիա	[islándia]
Espanha (f)	Իսպանիա	[ispánia]
Itália (f)	Իտալիա	[itália]
Chipre (m)	Կիպրոս	[kiprós]
Malta (f)	Մալթա	[máltʰa]
Noruega (f)	Նորվեգիա	[norvégia]
Portugal (m)	Պորտուգալիա	[portugália]
Finlândia (f)	Ֆինլանդիա	[finlándia]
França (f)	Ֆրանսիա	[fránsia]
Suécia (f)	Շվեդիա	[švédia]
Suíça (f)	Շվեյցարիա	[švejtsʰária]
Escócia (f)	Շոտլանդիա	[šotlándia]
Vaticano (m)	Վատիկան	[vatikán]
Liechtenstein (m)	Լիխտենշտայն	[lixtenštájn]
Luxemburgo (m)	Լյուքսեմբուրգ	[ljukʰsembúrg]
Mônaco (m)	Մոնակո	[monáko]

148. Europa Central e de Leste

Albânia (f)	Ալբանիա	[albánia]
Bulgária (f)	Բուլղարիա	[bulġária]
Hungria (f)	Վենգրիա	[véngria]
Letônia (f)	Լատվիա	[látvia]
Lituânia (f)	Լիտվա	[litvá]
Polônia (f)	Լեհաստան	[lehastán]

Romênia (f)	Ռումինիա	[rumínia]
Sérvia (f)	Սերբիա	[sérbia]
Eslováquia (f)	Սլովակիա	[slovákia]
Croácia (f)	Խորվատիա	[χorvátia]
República (f) Checa	Չեխիա	[čéχia]
Estônia (f)	Էստոնիա	[ēstónia]
Bósnia e Herzegovina (f)	Բոսնիա և Հերցեգովինա	[bósnia év herts^{h}egovína]
Macedônia (f)	Մակեդոնիա	[makedónia]
Eslovênia (f)	Սլովենիա	[slovénia]
Montenegro (m)	Չեռնոգորիա	[černogória]

149. Países da ex-URSS

Azerbaijão (m)	Ադրբեջան	[adrbedʒán]
Armênia (f)	Հայաստան	[hajastán]
Belarus	Բելառուս	[belarús]
Geórgia (f)	Վրաստան	[vrastán]
Cazaquistão (m)	Ղազախստան	[ġazaχstán]
Quirguistão (m)	Ղրղզստան	[ġrġzstan]
Moldávia (f)	Մոլդովա	[moldóva]
Rússia (f)	Ռուսաստան	[rusastán]
Ucrânia (f)	Ուկրաինա	[ukraína]
Tajiquistão (m)	Տաջիկստան	[tadʒikstán]
Turquemenistão (m)	Թուրքմենստան	[t^{h}urk^{h}menstán]
Uzbequistão (f)	Ուզբեկստան	[uzbekstán]

150. Asia

Ásia (f)	Ասիա	[ásia]
Vietnã (m)	Վիետնամ	[vjetnám]
Índia (f)	Հնդկաստան	[hndkastán]
Israel (m)	Իսրայել	[israjél]
China (f)	Չինաստան	[činastán]
Líbano (m)	Լիբանան	[libanán]
Mongólia (f)	Մոնղոլիա	[monġólia]
Malásia (f)	Մալայզիա	[malájzia]
Paquistão (m)	Պակիստան	[pakistán]
Arábia (f) Saudita	Սաուդյան Արաբիա	[saudján arábia]
Tailândia (f)	Թաիլանդ	[t^{h}ailánd]
Taiwan (m)	Թայվան	[t^{h}ajván]
Turquia (f)	Թուրքիա	[t^{h}úrk^{h}ia]
Japão (m)	Ճապոնիա	[čapónia]
Afeganistão (m)	Աֆղանստան	[afġanstán]
Bangladesh (m)	Բանգլադեշ	[bangladéš]

Indonésia (f)	Ինդոնեզի	[indonézia]
Jordânia (f)	Հորդանան	[hordanán]
Iraque (m)	Իրաք	[irákʰ]
Irã (m)	Պարսկաստան	[parskastán]
Camboja (f)	Կամպուչիա	[kampučía]
Kuwait (m)	Քուվեյթ	[kʰuvéjtʰ]
Laos (m)	Լաոս	[laós]
Birmânia (f)	Մյանմար	[mjanmár]
Nepal (m)	Նեպալ	[nepál]
Emirados Árabes Unidos	Միավորված Արաբական Էմիրություններ	[miavorvátʂ arabakán ēmirutʰjunnér]
Síria (f)	Սիրիա	[síria]
Palestina (f)	Պաղեստինյան ինքնավարություն	[paġestinján inkʰnavarutʰjún]
Coreia (f) do Sul	Հարավային Կորեա	[haravajín koréa]
Coreia (f) do Norte	Հյուսիսային Կորեա	[hjusisajín koréa]

151. América do Norte

Estados Unidos da América	Ամերիկայի Միացյալ Նահանգներ	[amerikají miatsʰjál nahangnér]
Canadá (m)	Կանադա	[kanáda]
México (m)	Մեքսիկա	[mékʰsika]

152. América Central do Sul

Argentina (f)	Արգենտինա	[argentína]
Brasil (m)	Բրազիլիա	[brazília]
Colômbia (f)	Կոլումբիա	[kolúmbia]
Cuba (f)	Կուբա	[kúba]
Chile (m)	Չիլի	[číli]
Bolívia (f)	Բոլիվիա	[bolívia]
Venezuela (f)	Վենեսուելա	[venesuéla]
Paraguai (m)	Պարագվայ	[paragváj]
Peru (m)	Պերու	[perú]
Suriname (m)	Սուրինամ	[surinám]
Uruguai (m)	Ուրուգվայ	[urugváj]
Equador (m)	Էկվադոր	[ēkvadór]
Bahamas (f pl)	Բահամյան կղզիներ	[bahamján kġzinér]
Haiti (m)	Հաիթի	[haitʰí]
República Dominicana	Դոմինիկյան հանրապետություն	[dominikján hanrapetutʰjún]
Panamá (m)	Պանամա	[panáma]
Jamaica (f)	Ցամայկա	[jamájka]

153. Africa

Egito (m)	Եգիպտոս	[egiptós]
Marrocos	Մարոկկո	[marókko]
Tunísia (f)	Թունիս	[tʰunís]
Gana (f)	Գանա	[gána]
Zanzibar (m)	Զանզիբար	[zanzibár]
Quênia (f)	Քենիա	[kʰénia]
Líbia (f)	Լիբիա	[líbia]
Madagascar (m)	Մադագասկար	[madagaskár]
Namíbia (f)	Նամիբիա	[namíbia]
Senegal (m)	Սենեգալ	[senegál]
Tanzânia (f)	Տանզանիա	[tanzánia]
África (f) do Sul	Հարավ-Աֆրիկյան հանրապետություն	[haráv afrikján hanrapetutʰjún]

154. Austrália. Oceania

Austrália (f)	Ավստրալիա	[avstrália]
Nova Zelândia (f)	Նոր Զելանդիա	[nor zelándia]
Tasmânia (f)	Տասմանիա	[tasmánia]
Polinésia (f) Francesa	Ֆրանսիական Պոլինեզիա	[fransiakán polinézia]

155. Cidades

Amesterdã, Amsterdã	Ամստերդամ	[amsterdám]
Ancara	Անկարա	[ankará]
Atenas	Աթենք	[atʰénkʰ]
Bagdade	Բաղդադ	[baġdád]
Bancoque	Բանգկոկ	[bangkók]
Barcelona	Բարսելոնա	[barselóna]
Beirute	Բեյրութ	[bejrútʰ]
Berlim	Բեռլին	[berlín]
Bonn	Բոնն	[bonn]
Bordéus	Բորդո	[bordó]
Bratislava	Բրատիսլավա	[bratisláva]
Bruxelas	Բրյուսել	[brjusél]
Bucareste	Բուխարեստ	[buχarést]
Budapeste	Բուդապեշտ	[budapéšt]
Cairo	Կահիրե	[kahiré]
Calcutá	Կալկաթա	[kalkátʰa]
Chicago	Չիկագո	[čikágo]
Cidade do México	Մեխիկո	[méχiko]
Copenhague	Կոպենհագեն	[kopenhágen]
Dar es Salaam	Դար Էս Սալամ	[dár ēs salám]

Deli	Դելի	[déli]
Dubai	Դուբայ	[dubáj]
Dublim	Դուբլին	[dúblin]
Düsseldorf	Դյուսելդորֆ	[djuseldórf]
Estocolmo	Ստոքհոլմ	[stokʰhólm]
Florença	Ֆլորենցիա	[floréntsʰia]
Frankfurt	Ֆրանկֆուրտ	[fránkfurt]
Genebra	Ժնև	[ʒnev]
Haia	Հաագա	[hahága]
Hamburgo	Համբուրգ	[hámburg]
Hanói	Հանոյ	[hanój]
Havana	Հավանա	[havána]
Helsinque	Հելսինկի	[hélsinki]
Hiroshima	Հիրոսիմա	[hirosíma]
Hong Kong	Հոնկոնգ	[honkóng]
Istambul	Սթամբուլ	[stʰambúl]
Jerusalém	Երուսաղեմ	[erusaġém]
Kiev, Quieve	Կիև	[kíev]
Kuala Lumpur	Կուալա Լումպուր	[kualá lumpúr]
Lion	Լիոն	[lión]
Lisboa	Լիսաբոն	[lisabón]
Londres	Լոնդոն	[londón]
Los Angeles	Լոս Անջելոս	[los anʒelós]
Madrid	Մադրիդ	[madríd]
Marselha	Մարսել	[marsél]
Miami	Մայամի	[majámi]
Montreal	Մոնրեալ	[monreál]
Moscou	Մոսկվա	[moskvá]
Mumbai	Բոմբեյ	[bombéj]
Munique	Մյունխեն	[mjúnχen]
Nairóbi	Նայրոբի	[najróbi]
Nápoles	Նեապոլ	[neápol]
Nice	Նիցցա	[nítsʰa]
Nova York	Նյու-Յորք	[nju jórkʰ]
Oslo	Օսլո	[óslo]
Ottawa	Օտտավա	[ottáva]
Paris	Փարիզ	[pʰaríz]
Pequim	Պեկին	[pekín]
Praga	Պրահա	[prahá]
Rio de Janeiro	Ռիո դե Ժանեյրո	[rio de ʒanéjro]
Roma	Հռոմ	[hrom]
São Petersburgo	Սանկտ Պետերբուրգ	[sánkt peterbúrg]
Seul	Սեուլ	[seúl]
Singapura	Սինգապուր	[singapúr]
Sydney	Սիդնեյ	[sidnéj]
Taipé	Տայպեյ	[tajpéj]
Tóquio	Տոկիո	[tókio]
Toronto	Տորոնտո	[torónto]

Varsóvia	**Վարշավա**	[varšáva]
Veneza	**Վենետիկ**	[venétsia]
Viena	**Վիեննա**	[viénna]
Washington	**Վաշինգտոն**	[vašingtón]
Xangai	**Շանհայ**	[šanháj]

www.ingramcontent.com/pod-product-compliance
Lightning Source LLC
LaVergne TN
LVHW051742080426
835511LV00018B/3196